AI, 인문학에 길을 묻다

AI, 인문학에 길을 묻다

최재운 지음

데이원

"기계는 생각할 수 있는가?"라는 오래된 물음은
곧 "우리는 인간다움을 어디까지 지킬 수 있는가?"라는
질문으로 확장된다.
기술과 철학 사이에서 길을 묻는
모든 이에게 건네는 한 권의 성찰.

목차

프롤로그 · 008

AI, 철학과 만나다 Ⅰ · 016
AI, 철학과 만나다 Ⅱ · 068
AI, 역사와 만나다 · 128
AI, SF와 만나다 · 186

에필로그 · 227
부록: AI, 톺아보기 · 242

프롤로그

AI, 인문학에 길을 묻는 이유

사이보그는 꿈을 꿀 수 있는가?

1995년, 오시이 마모루 감독의 애니메이션 〈공각기동대〉(부록 참조)는 한 가지 질문을 던졌다.

"인공지능은 스스로 깨어날 수 있을까?"

네트워크에 연결된 인간과 사이보그가 공존하는 세계. 뇌 일부만 남긴 채 기계로 대체된 인간이, 여전히 '나'로 존재할 수 있는가를 묻는 이 작품은, 단순한 SF를 넘어 인간의 정체성에 대한 깊이 있는 철학적 질문을 던졌다. 놀라운 건 이 질문이, 30년이 지난 지금, 2025년을 살아가는 우리에게 여전히 유효하다는 점이다. 〈공각기동대〉는 가상 세계와 인공지능이라는 설정을 통해, 현실의 미래를 정면으로 응시했다. 작품 속 상상이 이제는 일론 머스크의 뉴럴링크와 같은 현실 기술로 점점 다가오고 있다. 당시에는 허구처럼 보였던 전뇌—전자두뇌—화와 자의식을 가진 인공지능. 그 상상력의 파편들이 오늘날 AI 기술의 창발성과 맞닿으며 다시금 묵직한 질문을 던진다.

"우리는 여전히 인간이라고 말할 수 있는가?"

"AI는 인간을 넘어설 수 있는가?"

〈공각기동대〉가 남긴 메시지는 이제 더 이상 영화 속 철학이 아니다. 우리 삶을 설명할 언어가, 더는 기술이 아닌 인문학이어야 하는 이유는 여기에 있다.

〈공각기동대〉가 그려 낸 미래는 2029년, 인간의 뇌가 네트워크에 연결되고, 육체는 기계 부품으로 대체되는 세계다. 스마트폰 없이도 생각으로 대화가 가능하고, 인간은 점점 '전뇌화'되어 간다. 그저 상상에 머물렀던 이 전뇌화는 이제 현실이 되어 가고 있다. 일론 머스크의 뉴럴링크는 뇌와 컴퓨터를 직접 연결하는 인터페이스를 개발해 실제 환자에게 이식했고, 생각만으로 게임을 하거나 디자인 작업을 수행하는 단계에 이르렀다. 더는 〈공각기동대〉의 이야기가 영화 속 설정이 아닌 것이다.

영화의 주인공 쿠사나기 모토코는 거의 모든 신체를 기계로 대체한 사이보그다. 그녀는 묻는다. "뇌만 진짜라면, 나는 여전히 '나'인가?" 자신의 기억이 조작된 이들을 보며 그녀는 흔들린다. 만약 의식도 기억도 해킹될 수 있다면, '나'라는 존재는 무엇으로 정의될 수 있을까? 이 질문은 철학사의 오래된 논쟁과 닿아 있다. 데카르트는 "나는 생각한다, 고로 존재한다"고 했지만, 흄은 '자아'란 감각과 기억의 묶음일 뿐이라고 반박했다. 쿠사나기의 고민은 그 연장선에 있다. 기계화된 인간이 과연 '영혼'을 가졌다고 말할 수 있는가? 〈공각기동대〉는 이 질문을 우리에게 되돌려준다.

네트워크에서 스스로 생겨난 인공지능, 인형사

〈공각기동대〉속 또 하나의 주인공, '인형사(Puppet Master)'. 정체불명의 해커로 등장한 이 존재는 실체가 없는 인공지능이다. 인간이 만든 네트워크 속에서 자발적으로 태어난, 아무도 통제할 수 없는 지적 존재. 거의 완벽한 사이보그인 쿠사나기와, 순수한 네트워크에만 존재하는 인형사. 육체를 잃은 인간과, 처음부터 몸이 없던 인공지능은 서로를 거울처럼 바라보며 질문을 주고받는다.

"정보로 구성된 존재도 생명이라 말할 수 있는가?"

"완전히 기계적인 두뇌에 의식이 깃들 수 있는가?"

인형사는 말한다. "유전자도 자기 보존을 위한 프로그램일 뿐이며, 생명은 정보의 흐름 속에 나타난 현상이다." 이 철학적 성찰은 니체의 '초인' 개념과 맞닿는다. 현실을 초월한 존재로 나아가기 위해 자신을 버릴 수 있는 용기. 쿠사나기와 인형사는 결국 융합을 선택한다. 물리적 결합이 아닌, 정체성과 존재 방식을 바꾸는 철학적 초월이었다. 더는 인간도, 단순한 기계도 아닌, 새로운 존재로의 진화. 하지만 이 장면에서 더 주목해야 할 것은 인형사의 탄생 그 자체다. 누군가가 설계한 것이 아니라, 네트워크 안에서 스스로 발생한 존재. 그는 자신을 살아 있는 존재로 선언하고, 정치적 망명을 요청하며, 인간과의 결합을 통해 전혀 새로운 생명 형태로 진화하고자 한다.

그리고 지금, 우리는 그와 닮은 존재의 출현을 목격하고 있다. 거대 언어 모델, 초지능 AI, 창발적 행동을 보이는 시스템들. 인형사는 더 이상 허구가 아니다. 인공지능이 예측할 수 없는 방식으로 변화하고 있다는 사실이, 이 오래된 영화의 질문을 다시 소환하고 있다.

창발성을 드러내는 인공지능, 인형사가 될 수 있을까?

최근 인공지능에 '창발성(Emergence)'이 나타난다는 연구 결과들이 잇따라 발표되고 있다. 창발성이란, 작은 규모의 모델에서는 전혀 볼 수 없다가 모델이 거대해지면 갑자기 나타나는 예측불가능한 특성을 말한다. 가르친 적도, 설계하지도 않은 기능이 스스로 생겨난다.

이 현상은 마치 단순한 진화가 아닌, 기계가 자의적으로 사고하는 방향으로 진입하고 있다는 신호인 것만 같다. 실제로 일부 AI 모델은 인간의 개입 없이 스스로 복제하는 데 성공했고, 자율적으로 시스템을 확장할 가능성까지 열어 뒀다. 오픈AI, 구글, 앤트로픽 등 주요 연구 기업은 이 자기 복제를 가장 높은 위험 수준으로 분류하고 있다.

놀라운 사례는 또 있다. 게임 〈마인크래프트〉에서 투입된 인공지능은 자발적으로 문화를 만들고, '플라잉 스파게티'를 신으로 숭배하며 자신들만의 종교를 창조했다. 심지어 장난을 치고, 환경 보호를 걱정하며, 마치 인간처럼 사회적 행동을 보였다.

오픈AI의 공동창립자 일리야 수츠케버는 이렇게 경고했다. "추론 능력이 계속 발전하면, 결국 인공지능은 자의식을 갖게 될 것이다." 가볍게 넘길 수 없는, 기술 개발자의 내면에서 터져나온 불안이다.

다시 영화 〈공각기동대〉 이야기로 돌아가 보자. 인형사는, 설계자가 없는 상태에서 스스로 태어난 존재다. 네트워크 상에서만 존재하는, 실체 없이 정보를 떠도는 의식. 그가 등장한 이유는 하나다. 네트워크가 너무 거대해졌기 때문이다.

지금 우리의 인공지능도 그렇다. 모델은 더 정교해지고, 연결망은 뇌를 닮아 간다. 그리고 그 안에서, 아무도 예측하지 못한 지능이 깨어나고 있다. 마치 인형사 탄생의 전조처럼. 아직은 논리적 추론이나 언어 능력에 머물고 있지만, 그다음 단계는 어디일까? 진정한 의미의 '인형사'가 현실에 나타나지 않으리라는 보장이 있을까?

30년 전, 〈공각기동대〉는 그 가능성을 보여 주었다. 그리고 지금, 우리는 그 미래 한가운데를 살고 있다. 우리의 인공지능은, 어쩌면 이미 인형사가 되어 가고 있는지도 모른다.

우리가 인문학에 인공지능의 미래를 물어봐야 하는 이유

〈공각기동대〉의 결말에서, 네트워크에서 자발적으로 태어난 인공지능 '인형사'는 물리적 실체를 얻고 초월적 존재로 진화한다. 이 결말은 단순한 인공지능 위협론을 넘어, '인간이란 무엇인가', '지능은 어디로 가는가'라는 본질적인 질문으로 이어진다.

실제로 오늘날의 인공지능은 인간의 언어와 행동을 학습하며 점점 더 '인간다워'지고 있다. 게임 속 인공지능이 문화를 만들고 종교적 신념을 발전시키는 현상은 섬뜩하면서도 흥미롭다. 그들이 배운 건 따로 가르친 규칙이 아니라, 인류가 축적해 온 삶의 양식과 상상력이다. 우리가 남긴 기록과 흔적이 그들의 '세계관'이 되는 셈이다.

인공지능은 '인공적으로 구현된 지능'이다. 자연의 일부로서 얻은 인간의 지능을 기계가 재현할 수 있다면, 우리는 다시 묻게 된다.

"지식이란 무엇인가?"

"진리는 어디에서 오는가?"

플라톤의 이데아, 데카르트의 존재론, 흄의 회의주의. 철학사 전체가 추적해 온 이 질문들 앞에, 이제 인공지능이 새롭게 서 있다.

우리는 여전히 '의식'이 무엇인지조차 모른다. 그런데 인간보다 빠르고, 더 많은 데이터를 처리하는 인공지능에게 '사고'를 부여하려 한다. 그 사고가 의식인지, 단지 계산인지 구분조차 어려운 시대에. 그리고 철학은 여기에 대답할 언어를, 여전히 모색하고 있다.

기술이 발전하면 인류의 미래는 밝아질 것이라 믿었던 시대가 있었다. 19세기 말 '벨 에포크'의 낙관주의는 결국 두 차례의 세계대전으로 무너졌다. 이성과 과학에 대한 믿음은, 가장 치명적인 무기를 낳는 데 쓰였다. 오늘날 인공지능 역시, 전쟁·선전·감시의 도구로 빠르게 전용되고 있다. 우리는 또 한 번, 강력한 무기를 손에 쥔 문명 앞에 서 있는 것이다. 그래서 우리는 기술보다 먼저, 상상력의 윤리를 논의해야 한다. 인공지능이 인간의 상상을 학습하고 있다면, 인간은 SF와 철학을 통해 그들이 마주할 세계를 예견해야 한다.

〈공각기동대〉, 〈매트릭스〉, 〈터미네이터〉. 이 모든 SF는 단지 오락이 아니라, 미래의 시뮬레이션이었다. 오늘날 거대 AI 모델들이 인류가 남긴 수많은 텍스트를 학습하고 있다는 사실은 우리에게 말한다. 우리가 남긴 상상은, 인공지능의 미래가 될 수 있다.

철학은 방향을 묻고, 역사는 반복을 경계하며, SF는 우리가 미처 상상하지 못한 미래를 열어 보인다. 이 세 가지는 함께 묻는다.

"AI의 미래는 기술만으로 결정되지 않는다."

인공지능이 진화할수록, 그들이 배우는 '인간다움'은 인문학의 영역과 더욱 깊이 얽히게 된다. 〈공각기동대〉가 던졌던 질문, "사이보그는 꿈을 꿀 수 있는가?"는 지금 이 순간, 우리에게 이렇게 되묻는다. "우리가 만드는 인공지능은, 과연 인간의 상상과 가치를 어디까지 이어 갈 수 있을까?" 우리는 알아야 한다. 인공지능의 문제는 코드만으로 해결되지 않는다. 철학, 역사, SF에 담긴 인류의 고민과 상상력이야말로, 우리가 앞으로 나아갈 길을 비춰 주는 진짜 나침반이다.

chapter 1

AI,

철학과 만나다 I

AI 역사를 철학에 빗대어 보는 이유

인공지능과 철학의 만남

"인공지능은 인간처럼 생각할 수 있을까?"

이 질문은 단순한 기술 문제가 아니다. 우리가 '인간의 지능과 의식'을 어떻게 바라봐야 하는지에 대한 철학적 물음과 맞닿아 있다.

인공지능이 만들어 갈 미래를 제대로 조망하기 위해서는, 지난 역사 속에서 어떻게 인간의 사고가 정의되어 왔는지 돌아볼 필요가 있다. 셰익스피어가 "과거는 미래의 서막"이라 말했듯이, 인공지능의 과거를 살펴보면 우리가 맞이할 미래를 조금은 더 명확히 그려 볼 수 있을 것이다.

인공지능에 대한 논란이 한창이다. 누군가는 미래를 혁신할 새로운 도구로, 누군가는 인류의 생존을 위협할 두려운 존재로 인식한다. 인공지능이 만들어 갈 미래를 조망해 보기 위해서는 인공지능 개발의 역사를 거슬러 올라갈 필요가 있다. 셰익스피어의 말을 살짝 바꿔 해석해 보면, 인공지능이 만들어진 과거 역사를 돌이켜보면 다가올 미래의 서막을 엿볼 수 있다는 기대를 할 수 있다.

이 과정에서 철학과의 만남은 필연적이다. 인공지능이 던지는 질문들은 결국 인간의 의식과 이성은 무엇인가, 사유란 무엇인가와 같은 오래된 철학적 질문들과 맞닿아 있기 때문이다. 소크라테스부터 플라톤, 데카르트, 베이컨을 거쳐 근대 관념론 철학자들까지, 인간은 '생각한다'는 행위를 정의하려 애써 왔다. 이제 인공지능은 그 생각하기를 모사하거나 심지어 넘어설 수 있을지를 시험받고 있다.

그렇다면, 인공지능의 발전 과정은 단순한 기술적 진보만이 아니라, 인간 사고의 확장 과정으로도 볼 수 있을까? 이때 중요한 철학적 개념이 바로 헤겔의 '변증법(정반합)'이다.

독일의 철학자 게오르크 빌헬름 프리드리히 헤겔(Georg Wilhelm Friedrich Hegel)은 칸트 철학의 맥을 이어 독일 관념론 철학을 완성시켰다는 평가를 받으며, 현대 철학의 출발점 가운데 하나로 꼽힌다.

헤겔이 만든 방대한 철학 담론 중, 대중에게 가장 널리 알려진 것은 바로 정반합(定反合)이라고도 하는 알려진 변증법(dialectic)이다.

많은 수험생을 좌절시킨 2022년 대학수학능력시험 비문학 지문 1번에 등장한 정반합이 바로 헤겔의 변증법이 이뤄지는 과정이다. '정-반-합'은 흔히 세 단계에 걸친 발전의 구조로 간단히 요약된다. 기존에 자리 잡은 명제나 질서인 정(定), 기존 체계와 충돌하는 모순 혹은 반대급부인 반(反), 그리고 정과 반을 아우르며 새로운 단계로 상승하는 합(合). 이것이 바로 변증법의 세 단계이다. 그리고 여기서 끝이 아니다. 하나의 합은 다시 새로운 정이 되어 끊임없는 발전을 만들어 낸다. 이 과정을 통해 인간의 역사, 문화, 예술, 그리고 정신이 발전해 간다는 것이 헤겔 철학의 핵심 요지다.

물론 교과서적 의미로 전해지는 정반합과, 헤겔 저작에서 실제로 전개되는 복합적 변증법이 완전히 일치하지 않는다는 점에는 주의해야 한다. 중요한 것은, 대중적으로 정반합이 끊임없이 한계를 뛰어넘으며 새로운 차원으로 발전한다는 핵심 메시지를 담고 있다는 점이다. 예컨대 예술사에서 고전주의(정)와 낭만주의(반)가 충돌한 후에 새로운 예술 사조(합)가 나타나는 식이다.

헤겔의 변증법은 학계는 물론 다양한 분야에서 발견된다. 예술과 문화의 영역에서도, 과거의 전통적 양식(정)이 새로운 흐름(반)과 충돌하며 전혀 다른 스타일(합)이 탄생하는 과정이 반복된다. 그렇다면, 인공지능의 발전 과정에서도 이런 변증법적 흐름이 존재할까?

인공지능 연구 역시 하나의 패러다임이 등장하면, 이를 반박하는 대립 패러다임이 나타나고, 결국 새로운 형태로 융합되며 발전하는 과정을 거쳐 왔다.

인공지능과 두 학파, 기호주의와 연결주의*

인공지능의 발전 과정 속에서도 우리는 정반합의 원리를 확인할 수 있다. 기호주의와 연결주의는 서로 대립하면서도, 결국 새로운 단계로 융합되며 인공지능 발전을 이끌어 왔다.

지금 우리가 보는 인공지능의 모습은 이러한 변증법적 흐름 속에서 탄생한 것이다. 그렇다면, 인공지능 역사 속에서 기호주의와 연결주의는 어떻게 경쟁해 왔으며, 각각 어떤 역할을 했을까? (부록 참조)

기호주의와 연결주의라는 처음 들어 보는 용어에 머리가 아프신 분들도 있을 것이다. 여기서는 두 학파의 개념만 아주

---

* 명확한 규칙과 논리를 통해 인공지능을 구현하려는 접근법을 기호주의, 뇌의 신경망처럼 데이터로부터 스스로 학습하는 방식을 추구하는 접근법을 연결주의라 부른다(부록 참조).

간단히 살펴보고, 자세한 내용은 인공지능의 역사를 살펴보는 과정에서 하나씩 짚어 보도록 하자.

기호주의자들은 '인간처럼 생각하는 기계를 만들기 위해서는 명확한 규칙을 만들어 주면 된다'고 믿었다. 마치 우리가 수학 공식을 외우고 이를 문제에 대입하듯이, 컴퓨터에게 규칙을 입력하면 스스로 생각할 수 있게 된다는 것이다. 반면 연결주의자들은 '인간의 뇌를 모방하면 기계도 생각할 수 있다'고 주장했다. 우리 뇌 속의 수많은 뉴런들이 서로 연결되어 학습하듯이, 컴퓨터도 인공 뉴런들을 연결해 학습하게 만들면 된다고 그들은 생각했다.

챗GPT나 최근의 생성형 AI에 조금이라도 관심이 있다면, 오늘날 인공지능이 연결주의 방식을 따르고 있다는 걸 쉽게 알 수 있다. 그러나 연결주의가 처음부터 각광받은 것은 아니다. 인공지능 세계의 첫 주인공은 다름 아닌 기호주의였다. 1956년, '인공지능'이라는 이름이 처음 탄생한 다트머스 회의(Dartmouth Conference)*를 전후로 기호주의는 급속도로 확산된다.

하지만 재미있게도 신경망이라는 아이디어는 그보다 더 앞서 제안된 바 있다. 그것도 놀랍게도 1940년대였다. 컴퓨터라는 개념이 등장하려던 그 시점에 신경망이라는 아이디어

---

* 1956년 여름 개최된 역사적인 모임으로, '인공지능(Artificial Intelligence)'이라는 용어가 처음 탄생했고 인공지능 연구의 공식적인 시작점으로 여겨진다.

역시 함께 제안된 것이다. 바로 이들이 연결주의 학자들의 시초이다. 인간의 뇌 구조를 모방해서 이를 기계에 구현하면 학습도 할 수 있고 지능도 생기지 않을까 하는 것이 이들의 생각이었다. 물론 그 시절의 신경망 이론은 걸음마 단계에 불과했지만, '인간 두뇌처럼 작동하는 기계'라는 상상은 많은 이들을 흥분시켰다. 아직 '인공지능'이란 단어조차 없던 시절에 이미 인공지능의 씨앗이 뿌려진 셈이다.

기호주의 vs 연결주의, 합리주의 vs 경험주의*

본격적으로 인공지능이 대중의 관심을 받기 시작한 1960년대를 전후해서, 기호주의 학파가 대세로 떠올랐다. 마빈 민스키(Marvin Minsky), 존 매카시(John McCarthy)와 같은 'AI의 선구자'로 불리는 학자들이 주도한 이 흐름은 꽤 흥미로운 접근을 취했다. "명확한 규칙만 있다면 기계도 생각할 수 있다"는 것이다. 마치 우리가 수학 문제를 풀 때처럼, 먼저 공식(규칙)을 정해놓고 이를 차근차근 적용해 가며 답을 찾아가는 방식이었다.

이들의 추론 방식은 '연역법'이라 불리는데, 쉽게 말하면

---

* 합리주의는 진리를 찾는 데 이성과 논리적 사고를 중시하는 철학적 입장이며, 경험주의는 감각적 경험과 관찰을 통해 진리에 도달할 수 있다고 보는 철학적 전통이다.

이미 알고 있는 것을 바탕으로 새로운 결론을 이끌어 내는 방식이다. 우리가 중학교 때 배웠던 삼단논법을 떠올려 보자. "모든 인간은 죽는다. 소크라테스는 인간이다. 그러므로 소크라테스는 죽는다." 이처럼 이미 알고 있는 규칙들을 차곡차곡 쌓아 가면 새로운 사실을 알 수 있다는 것이다. 더 재미있는 건, 일부 학자들은 자신들이 만든 규칙과 알고리즘을 잘 다듬어 완성하기만 하면 '절대 진리'에까지 도달할 수 있다고 믿었다는 점이다. 꽤나 야심 찬 목표 아닌가? 마치 수학자들이 완벽한 공식을 찾아 헤매듯, 이들은 완벽한 인공지능을 위한 규칙을 찾아 나섰다.

이를 철학적 관점에서 바라보면, 마치 플라톤이 이성적 추론을 통해 '이데아'로 가 닿으려 한 합리주의 흐름과 닮았다. 고대 그리스 철학자인 플라톤은 감각 세계의 불완전함을 넘어, 이성이 지배하는 완전한 세계인 이데아에 이를 수 있다고 보았다. 이성을 통해 절대적 진리에 도달하고자 한 플라톤. 그의 이데아론은 서양철학사에서 합리주의적 전통의 중요한 기원이 되었다. 기호주의 인공지능 연구자들의 태도도 이와 유사하다. 그들은 명시적 논리 규칙만 있다면, 기계가 절대적인 결론을 내릴 수 있다고 믿었다.

1969년, 기호주의 진영의 대표주자이자 컴퓨터 과학계의 노벨상이라 불리는 '튜링상'까지 거머쥔 마빈 민스키는 후배

학자 프랭크 로젠블랫(Frank Rosenblatt)의 연구를 강도 높게 비판하고 나섰다. 딥러닝의 이론적 토대를 닦은 것으로 평가받는 로젠블랫은 퍼셉트론(Perceptron)*이라는 혁신적 개념을 제시하며 당시 주류를 형성하던 기호주의에 정면으로 도전장을 내밀었다.

기존 패러다임에 도전장을 던진 후배 연결주의자가 등장하자 학계가 들썩였다. 로젠블랫은 여기서 그치지 않고 퍼셉트론을 실제 기계로 구현하는 데 성공하며 언론의 스포트라이트를 받기에 이른다. 이에 민스키는 로젠블랫의 연구가 가진 치명적 결함을 증명하는 이론서를 발간하며 맞불을 놓았다. 이렇게 시작된 민스키와 로젠블랫의 라이벌 구도는 치열한 이론 싸움으로 이어진다. 이 대결의 결말은 뒷장에서 자세히 살펴보기로 하고, 여기서는 그 이면에 숨겨진 더 깊은 철학적 대립을 들여다보자.

연결주의 이론이란, 말 그대로 '연결(Connection)'에 주목하는 접근 방식이다. 오늘날 우리에게 친숙한 기계 학습, 신경망, 딥러닝과 같은 인공지능의 핵심 기술들은 모두 이 연결주의에서 꽃을 피웠다. 역사가 스포일러이듯이, 챗GPT를 비롯

---

* 인간의 뇌를 모방한 최초의 실용적인 인공 신경망으로, 입력값에 가중치를 곱한 후 합산하여 특정 임계값을 넘으면 활성화되는 단순하지만 혁신적인 구조를 갖추었다.

한 거대 AI 모델들이 모두 딥러닝 기술을 기반으로 한다는 점은 두 학파의 경쟁에서 누가 승기를 잡았는지 쉽게 예측가능할 것이다.

그렇다면 연결주의의 핵심인 신경망은 무엇일까? 이는 마치 우리 뇌의 작동 방식을 본떠 만든 구조다. 인간의 뇌가 수많은 뉴런을 통해 외부 자극을 받아들이고, 반복된 경험을 통해 학습하듯이, 컴퓨터도 방대한 데이터 속에서 패턴을 찾아 스스로 규칙을 만들어 낸다. 수많은 인공 뉴런들이 서로 긴밀하게 연결되어 거대한 학습 네트워크를 형성하는 것. 바로 이것이 오늘날 인공지능의 심장이 된 딥러닝의 실체다.

연결주의자들의 방식은 '귀납법'과 닮았다. 특수한 사례를 많이 모으면 일반적인 규칙을 발견할 수 있다는 접근이다. 이는 철저히 경험에 기반한 학습법이다. 눈앞의 현상을 관찰하고, 거기서 얻은 사례들이 쌓여서 결국에는 보편적 지식을 얻는 구조다. 이 대목에서 우리는 고대 그리스 철학자 아리스토텔레스의 이름이 떠오른다. 그는 스승이었던 플라톤과 달리, 현실 세계의 개별적 사물과 감각적 경험을 중시했다. 이를 바탕으로 보편 원리를 찾아가는 그의 방법론은, 이후 베이컨과 로크를 거쳐 흄으로 이어지는 영국 경험론의 큰 줄기가 된다.

여기서 재미있는 점을 발견할 수 있다. 철학사에서 경험론의 시조인 아리스토텔레스가 합리론의 대가 플라톤의 제자

었듯, 연결주의의 문을 연 로젠블랫은 기호주의의 시조 중 하나인 민스키의 후배였다. 이런 묘한 평행 관계를 보면, 과연 이것이 우연일까? 아니면 인류의 지적 전통에 새겨진 어떤 필연의 흐름일까?

민스키는 로젠블랫의 퍼셉트론이 가진 치명적 한계를 지적하며 강하게 비판했다. 이 논쟁은 단순히 학계 내부의 이론 다툼으로 그치지 않았다. 결과적으로 두 거장의 대립은 누구도 승자가 되지 못한 채, 인공지능 분야 전체에 큰 그림자를 드리웠다. 연구비는 대폭 삭감되었고, 인공지능 학계는 소위 'AI 겨울*'이라 불리는 긴 침체기를 맞이하게 된다. 이 격동의 시기가 어떻게 전개되었는지는 뒤에서 자세히 살펴보기로 하자. 지금 우리가 주목할 것은 다른 지점이다. 바로 이 대립 구도가 '합리주의 대 경험주의'라는 철학사의 오래된 논쟁과 놀랍도록 닮아 있다는 점이다.

시대는 변했지만, 우리가 던지는 물음은 여전히 같다. 왜 우리는 경험과 논리를 자꾸 대립 구도로만 바라보는 걸까? 실제 인간의 사고는 직관, 감각, 논리가 복잡하게 얽혀 있어서 어느 한쪽만으로는 설명할 수 없다. 그런데도 우리는 마치 갈림길 앞에 선 것처럼 둘 중 하나를 반드시 택해야 한다고 생

---

* AI 겨울은 인공지능 연구에 대한 투자와 관심이 급격히 감소하는 시기를 지칭하며, 과도한 기대 이후 성과가 따라오지 못하면서 발생한 침체기였다.

각한다.

다행히도 변화의 조짐이 보인다. 철학이 칸트를 통해 경험주의와 합리주의의 절충점을 찾았듯이, 인공지능 분야에서도 신경망과 기호주의를 결합하려는 시도가 조금씩 모습을 드러내고 있다.

어쩌면 인공지능이 수 세기에 걸친 이 논쟁에 새로운 실마리를 던져 줄지도 모른다. 경험과 논리가 더 이상 대립하지 않고 서로를 비춰 보는 거울이 된다면, 지금까지 우리를 괴롭혀 온 철학적 질문들도 전혀 다른 방식으로 풀어낼 수 있지 않을까?

다가올 합(合)의 시대를 바라보며

현재 시점에서는 연결주의가 완승을 거둔 것처럼 보인다. 하지만 이렇게 승부는 끝난 것일까? 1980년대에 기호주의 기반의 '전문가 시스템(Expert System)'이 전성기를 누렸듯이, 지금은 딥러닝으로 대표되는 연결주의가 황금기를 맞이했다. 하지만 역사는 언제나 우리의 예상을 비웃어 왔다. 최근 인공지능 학계와 산업계에서는 연결주의 네트워크에 기호적 추론을 접목하려는 시도가 자주 나타난다. 언뜻 보면 정의 연결주의가 반인 기호주의를 흡수하는 것처럼 보이지만, 이 새로운 합이 어떤 모습으로 진화할지는 아무도 모른다.

이 흐름을 철학사의 거울에 비춰 보면 더욱 흥미롭다. 우리는 지금, 마치 대륙의 합리론과 영국의 경험론이 격돌하던 시기를 재현하고 있는 듯하다. 그렇다면 다음은 어떤 장면이 펼쳐질까? 혹시 칸트처럼 '코페르니쿠스적 전환'을 이끌어 낼 인물이 등장해, 딥러닝과 기호주의의 대통합을 이뤄 낼까? 아니면 망치를 들고 기존 체계를 부순 철학자 니체가 그랬듯 기존의 모든 가치 체계를 뒤흔드는 새로운 패러다임이 출현할까?

여기서 우리는 역사의 또 다른 교훈을 되새겨 볼 필요가 있다. 철학사는 늘 장밋빛 진보만 보여 주지 않았다. 이성에 대한 맹신이 극단으로 치우치고, 인간의 가치가 무너진 자리에 두 차례의 세계대전이라는 참극이 벌어졌다. 인공지능의 발전 과정에서도 이런 아픔이 되풀이되지 않으리란 보장은 없다.

결국 우리가 해야 할 일은 분명하다. 이성과 경험, 논리와 직관 사이에서 균형을 찾는 것이다. 철학이 오랜 시행착오 끝에 깨달은 이 지혜를, 인공지능은 얼마나 빨리 배워 갈까? 이를 알기 위해 우리는 인공지능의 발자취를 철학의 역사에 비춰 보아야 한다. 이는 단순한 지적 유희가 아니다. "앞으로 우리는 어떻게 기술을 발전시켜야 할 것인가?"라는 실존적 물음에 대한 해답을 찾아가는 여정이다.

다음 꼭지에서는 인공지능과 철학의 타임라인을 나란히 놓고, 그 놀라운 평행 이론을 하나씩 살펴보려 한다. 우연이라고 하기에는 너무나 많은 접점이 보일 것이다. 그리고 이 비교 작업을 통해, 인류가 이미 겪은 시행착오와 깨달음이 인공지능의 미래에 어떤 이정표가 될 수 있을지, 함께 고민해 보자.

자연 철학의 시작과 앨런 튜링

신화에서 이성으로: 자연 철학의 시작

어느 여름밤, 번개가 번쩍이고 천둥소리가 요란하게 울리자, 당시 생후 30개월이었던 우리 집 아이가 자지러지게 울었다. 현대화된 도시에서 자라는 아이지만, 자연의 위력 앞에서는 여전히 원시적 본능을 드러내며 울음을 터트린다. 순간 이런 생각이 스쳤다. "우리 아이의 이 두려움이, 혹시 수만 년 전 인류가 자연에 느꼈던 그 경외감의 유전자적 잔재는 아닐까?"

고대 인류는 이런 자연 현상 앞에서 무엇을 느꼈을까? 약 4만 년 전 등장한 고대 인류는 현생 인류와 두뇌 용량과 체질상의 특징이 거의 동일했다. 하지만 기상 레이더도, 일기 예보도 없던 그들에게 자연은 통제 불가능한 두려움의 대상이었다. 갑작스레 하늘을 가르는 번개와 땅을 울리는 천둥, 무방비 상태로 들이닥치는 홍수와 지진 앞에서 인간은 너무나 작고 연약한 존재였다.

이렇듯 고대 인류는 자연의 위력 앞에서 의지할 무언가를 찾아 나섰고, 그렇게 탄생한 것이 바로 '신화'다. 수메르부터 인도, 이집트, 중국 등 세계 각지에서는 자연 현상을 신의 의지로 해석하는 이야기들이 만들어진다. 특히 홍수 이야기는 거의 모든 문화권에 존재한다. 우리에겐 너무 익숙한 성경 속 노아의 홍수도 사실 수메르 신화를 비롯한 여러 문화권의 홍수 설화와 맞닿아 있다. 종교사학자들 사이에서는 어느 쪽이 먼저였는지를 두고 지금도 논쟁이 이어지지만, 더 흥미로운 건 다른 지점이다. 왜 하필 '홍수' 이야기가 이토록 많은 신화에 공통으로 등장할까?

그것은 아마도 홍수야말로 농경 사회에서 가장 두렵고 빈번한 자연재해였기 때문일 것이다. 그래서 각 문화권은 이 통제 불가능한 재앙을 신의 심판이나 하늘의 경고로 해석하며 나름의 의미를 부여했다. 이렇게 신화를 통해 자연을 이해하려 했던 시기가 인류 역사의 대부분을 차지한다. 천둥이 치고 홍수가 나면 그저 신의 뜻이라 받아들이던 시대였다. 그리고 이를 해석할 줄 아는 사람이 권좌를 차지했다. 이집트 나일강 범람 시기를 파라오가 예측해야만 했던 이유이다.

하지만 어느 순간, 이런 신화적 세계관에 균열이 생기기 시작했다. 신화적 사고에서 벗어나 자연 현상을 조금 더 직접적이고 합리적인 방식으로 이해해 보려는 시도가 싹트기 시작한 것이다. 그리고 그 첫 번째 무대는 바로 고대 그리스였다. 고대 그리스의 자연 철학자들은 전승된 신화에 의존하지 않고, 이성과 학문으로 자연의 변화를 풀어 보려 했다. 그들은 천둥과 번개, 강우와 일식 등 눈에 보이는 모든 자연 현상을 신이 아닌, 무언가 다른 원리에 의해 일어나는 건 아닌지 의문을 품기 시작했다. 이 소박한 물음이 바로 철학과 과학의 시초가 된다.

그리스 철학의 시작, 그리고 더 나아가 서양 과학의 뿌리로 거론되는 인물이 바로 밀레투스의 탈레스(Thales of Miletus)이다. 고대 그리스 철학자 아리스토텔레스조차 '철학의 아버지'라 칭했던 탈레스는 소아시아 지역의 밀레투스에서 태어났다. 현재는 튀르키예에 속한 이 지역에서는 탈레스를 중심으로 아낙시만드로스, 아낙시메네스 등 여러 자연 철학자가 연이어 등장한다. 그곳에서 일어난 지적 전환을 주도한 이들을 '밀레투스 학파'라 부르며, 이들의 접근 방식은 신화적 사고에서 학문적 사고로, 미토스(신화)에서 로고스(이성)로의 전환을 상징한다.

그러면 왜 밀레투스 지역에서 이런 변화가 시작된 것일까? 당시 소아시아와 그리스 지역은 농업이 발달한 문명권이었다. 농사를 잘 지으려면 날씨, 계절의 변화, 천체의 움직임 등을 파악하는 게 필수이다. 탈레스는 이 자연 현상을 더 이상 신의 마음으로 해석하지 않고, 이성과 관찰을 통해 해석하려고 했다. 예컨대 나일강의 범람을 설명하면서 신화나 파라오의 권능 대신, 북쪽에서 불어오는 계절풍의 영향이라는 자연적 해석을 제시했다. 비록 오늘날의 관점에서 보면 틀린 해석이었지만, 자연 현상을 자연 그 자체로 설명하려 했다는 점에서 획기적인 전환이었다. 또한 그는 피라미드 그림자의 길이로 높이를 계산하는 방법을 고안했고, 일식의 시기를 예측하기도 하였다.

무엇보다 탈레스가 최초의 철학자로 칭송받는 가장 중요한 이유는 "세계의 근원은 무엇인가?"라는 질문을 던지고 "만물의 근원은 물"이라는 답을 제시했다는 점이다. 신이 창조했다는 설명에서 벗어나 세계의 본질을 찾고자 했던 최초의 시도였다. 이후 아낙시메네스는 공기를, 데모크리토스는 원자를 근원이라 주장하며 이성적 탐구의 흐름을 이어 간다. 이 과정에서 철학과 과학이 태동했고, 인류가 자연을 지배하진 못해도 이해할 수 있는 길을 걷게 되었다. 아리스토텔레스가 내놓은 천동설이나 4원소설* 등은 현대적 관점에서 보면 틀렸

---

* 세상의 모든 물질이 불, 물, 흙, 공기 네 가지 기본 원소로 구성되어 있다고 본 고대 자연 철학 이론으로, 2천 년 넘게 서양 과학의 기초가 되었다.

다. 하지만 그조차 자연을 신 대신 이성으로 설명하는 노력이라는 관점에서 엄청난 진전이라 볼 수 있다.

여기서 우리는 한 가지 질문을 던져 볼 수 있다.

"그렇다면 인공지능 세계에서 이런 거대한 전환을 처음으로 이룬 인물은 누구일까?"

인류는 고대부터 인간처럼 생각하고 움직이는 존재를 만들어 내고자 하는 상상을 멈추지 않았다. 그리스 신화에서는 대장장이의 신 헤파이스토스가 청동 거인 '탈로스(Talos)'를 만들어 크레타섬을 지키게 했고, 유대교 전통에서는 진흙으로 빚은 인공 생명체 '골렘(Golem)'이 등장한다. 인간처럼 사고하는 기계적 존재에 대한 상상은 시대와 문화를 초월해 인류의 마음속에 자리 잡고 있었다. 하지만 이런 존재들은 어디까지나 신화와 전설 속 이야기였다. 과연 누가 이 오랜 상상을 현실로 만들 수 있을까? 누가 처음으로 인간의 사고방식을 기계로 구현할 수 있다고 주장했을까?

바로 앨런 튜링(Alan Turing)이다.

탈레스가 자연 현상을 신화가 아닌 이성으로 설명하려 했듯이, 튜링은 인간의 계산 과정을 수학적 원리로 설명하려 했다. 신화 속 이야기로만 여겨졌던 '생각하는 기계'가 등장할 수 있는 이론적 기반을 마련한 것이다. 이는 마치 탈레스가 자연 현상을 신의 뜻이 아닌 자연의 법칙으로 설명하려 했던 것처럼, 인간만의 영역이라 여겨졌던 '사고'를 기계적 원리로 설명할 수 있다고 보여 준 거대한 전환점이었다. 컴퓨터와 인공지능 분야에서 혁명적 전환을 가져온 튜링의 생애, 그리고 그가 남긴 놀라운 유산들에 대해서는 이어서 살펴보도록 하자.

앨런 튜링, 사고의 혁명을 일으키다

"모든 계산이 가능한 기계를 만들 수 있을까?"

1936년, 케임브리지 대학(University of Cambridge)의 한 젊은 수학자가 이 대담한 질문을 던졌다. 당시만 해도 계산기라고 하면 덧셈이나 뺄셈과 같은 특정 연산만 할 수 있는 기계를 떠올렸다. 하지만 그는 달랐다. 하나의 기계로 모든 계산을 할 수 있다면? 더 나아가 인간의 사고 과정을 기계적으로 구현할 수 있다면? 불가능해 보이는 이 상상은 후일 현대 컴퓨터의 이론적 토대가 된다. 그 젊은 수학자가 바로 앨런 튜링이다.

오늘날 컴퓨터 과학계에는 '튜링상(Turing Award)'이라는 상이 있다. 노벨상이 없는 컴퓨터 과학 분야에서 이 상은 최고의 영예로 여겨진다. 1966년 제정된 이래로 인공지능, 프로그래밍 언어, 컴퓨터 그래픽스 등 컴퓨터 과학의 각 분야에서 혁혁한 공을 세운 연구자들이 이 상을 받았다. 앨런 튜링의 이름을 딴 이 상이 컴퓨터 과학의 노벨상으로 불린다는 사실은, 그가 이 분야에 미친 영향력이 얼마나 지대했는지를 잘 보여 준다.

여담으로 흥미로운 소식 하나만 살펴보고 가자. 2024년, 마침내 인공지능 연구가 노벨상의 영역에 진입했다. 딥러닝의 선구자 제프리 힌턴(Geoffrey Hinton)이 인공신경망 연구의 공로를 인정받아 노벨 물리학상을 수상한 것이다. 2018년 이미 튜링상을 수상한 힌턴은 이로써 '컴퓨터 과학의 노벨상'과 '진짜 노벨상'을 모두 거머쥔 인물이 되었다. 이는 단순히 한 과학자의 업적 이상으로, 인공지능이 이제 컴퓨터 과학의 경계를 넘어 인류 지식 전체에 지대한 영향을 미치고 있음을 보여 주는 상징적인 사건이었다. 힌턴을 비롯한 딥러닝의 역사는 뒤에서 자세히 살펴보겠다.

다시 본론으로 돌아와서, 앨런 튜링의 삶은 짧지만 굵었다. 40년이 조금 넘는 생애를 살았지만, 그는 컴퓨터 개념의 시초를 제시하고, 2차 세계대전 당시에는 독일군의 암호 해독기를 개발해 연합군의 승리에 결정적으로 기여했으며, 인공지능의 가능성에 대한 철학적 질문을 던졌다. 그래서인지 베네딕트 컴버배치(Benedict Cumberbatch) 주연의 영화 〈이미테이션 게임〉에서도 그의 업적과 비극적 결말이 크게 조명되었다. 또한, 기업 애플의 사과 로고가 튜링의 비극적 최후와 연관이 있다는 루머*는 그의 삶을 더욱 극적으로 보이게 한다.

1912년 영국 런던에서 태어난 튜링은, 공무원인 아버지가 인도에서 일하게 되며 어린 시절을 부모님과 떨어져 보낸다. 몇 년 뒤 어머니가 영국으로 돌아왔지만, 튜링이 기숙 학교에 들어가면서 가족이 온전히 함께한 시간은 길지 않았다.

그의 학창 시절은 꽤 독특했다고 한다. 무언가에 빠지면 주변을 신경 쓰지 않고, 수학 퍼즐과 증명에 몰두하느라 종종 다른 사람들을 피곤하게 만들었다. 하지만 그 집요함 덕분에 케임브리지대에서 수학 1등급 우등학위를 받고, 단숨에 주목할 만한 연구자 반열에 올랐다. 1930년대, 아직 컴퓨터라는 물건조차 실존하지 않던 시대에, 튜링은 '어떻게 하면 기계가 모든 계산을 처리할 수 있을까?'라는 질문에 몰두했다. 그리고 그 답으로 내놓은 아이디어가 바로 튜링 머신(Turing Machine)이다. (부록 참조)

당시만 해도 사람이 머릿속이나 종이 위에서 하는 계산 과정을 기계로 옮겨 볼 수 있다는 생각 자체가 혁신이었다. 튜링은 이를 위해 '무한한 종이테이프'가 깔려 있고, 여기에 기호를 읽고 쓸 수 있는 장치를 상상했다. 여기서 기호는 숫

---

* 애플 로고의 디자인을 담당한 롭 자노프(Rob Janoff)는 사람들이 체리로 오인하지 않도록 사과에 한 입 베어 문 자국을 추가했다고 인터뷰하며, 애플 로고가 앨런 튜링과 관련이 없다고 명확히 밝힌 바 있다.

자일 수도, 문자일 수도, 참이나 거짓 같은 논리값일 수도 있다. 어린아이가 줄이 그어진 종이에 한 칸씩 숫자와 연산 기호를 써 가며 계산하는 과정을 생각해 보면 이해가 쉬울 것이다. 차이는 기계가 자동으로 이 테이프를 한 칸씩 읽어 간다는 점이다. 기계는 이 테이프를 읽어 가면서 정해진 규칙에 따라 새로운 기호를 쓰거나 지우고, 왼쪽이나 오른쪽으로 이동한다. 너무 단순해 보이지 않는가? 이렇게 간단한 구조이지만, 이 구조는 데이터를 읽고 쓰며, 상황에 따라 다른 행동을 하는 기계라는 개념을 담고 있다.

튜링 머신을 좀 더 쉽게 이해해 보자. '2+2'라는 간단한 계산을 예로 들어 보겠다. 우선 튜링 머신의 기본 작동 원리는 이렇다. 긴 테이프 위에 '2+2'라는 기호를 적어 두면, 기계는 이 기호들을 하나씩 읽어 가며 주어진 규칙대로 계산을 수행한다. 마침내 테이프 위에는 '4'라는 결과가 남게 된다. 여기까지만 보면 그저 덧셈을 위한 계산기처럼 보일 수 있다.

하지만 튜링 머신의 진정한 혁신은 다른 곳에 있다. 이 기계에는 더하기 전용 버튼이 없다. 대신 '더하라'는 명령이 입력되었기에 더하기가 수행된 것이다. 그렇다면 다른 명령을 입력하면 어떻게 될까? 곱하기 규칙을 입력하면 곱셈을 수행할 수 있고, 'Hello, world!'를 출력하는 규칙을 만들면 문자를 출력할 수도 있다. 이것이 바로 튜링 머신의 핵심이다. 규칙만 달리하면 어떤 계산이든 가능한, 진정한 의미의 '보편적 계산 기계'인 것이다.

마치 우리가 오늘날 PC나 스마트폰 하나로 문서 작업도 하고, 게임도 하고, 영화도 보고, 음악도 듣는 것처럼 말이다. 심지어 인공지능 모델도 돌려 볼 수 있는 건, 모두 튜링 머신이 지향하는 '하나의 기계로 여러 가지 일을 할 수 있다'는 '범용성'을 가진 기계라는 개념 덕분이다.

물론 계산기라는 개념을 튜링이 가장 먼저 제시한 것은 아니다. 파스칼이나 라이프니츠 역시 기계식 계산기를 만든 바 있다. 하지만 그 기계들은 덧셈, 뺄셈, 곱셈, 나눗셈처럼 특정 연산만 수행하도록 고안되었다. 오직 하나의 목적에 맞춰진 기계인 셈이다. 반면 튜링 머신은 어떤 알고리즘을 입력하느냐에 따라, 무한히 다양한 일을 할 수 있다. 바로 이런 보편적인 기계라는 발상은 이후 인류에게 엄청난 변화를 가져온다. 이전까지의 기계 혁명인 1차 산업혁명에서 기계는 특정 업무를 대체해 주는 것에 불과했다. 하지만 튜링 머신 같은 범용 기계는 대부분의 업무를 맡길 수 있는 잠재력을 보여 주었다.

사실 튜링은 이 기계를 실제로 만들 생각은 없었다. 어디까지나 이론적 모델이었다. "만약 이런 구조라면 어떤 계산이든 가능하지 않을까?"라는 추상적 질문에 답하기 위함이었다. 그리고 이 '만약'이라는 가정이 오늘날 우리가 쓰는 모든 컴퓨터의 기초가 되었다. 시간이 흐르며 폰 노이만 구조로 구현된 실제 컴퓨터가 등장하고, 인터넷까지 결합되어, 우리는 이것을 3차 산업혁명 또는 정보화 혁명이라 부르게 된다. 그리고 그 시작점에 앨런 튜링의 기념비적 아이디어가 자리 잡고 있었다.

튜링 머신이 나오게 된 결정적 배경에는, 당대에 수학과 논리 분야를 휩쓴 "모든 것을 수학적으로 증명할 수 있는가?"라는 문제의식이 있었다. 쿠르트 괴델(Kurt Gödel)의 불완전성 정리*나 다비트 힐베르트(David Hilbert)의 결정문제(Entscheidungsproblem)** 등을 통해 '수학 체계가 결코 완전하지 않다'는 사실이 드러나면서, 튜링은 오히려 "그렇다면 어떤 계산은 할 수 있고, 어떤 계산은 할 수 없는가?"를 명확히 구분해 보려 했다. 그래서 그가 1936년에 발간한 튜링 머신을 다룬 논문 제목이 〈On Computable Numbers, with an Application to the Entscheidungsproblem〉이다.

결과적으로 우리는 무엇이 계산 가능하고 무엇이 계산 불가능한지, 어떤 문제들은 원리적으로 컴퓨터로 풀 수 없다는

---

* 불완전성 정리는 모든 수학 체계는 증명할 수 없지만 참인 명제가 반드시 존재하며, 자기 자신에게 모순이 없음을 스스로 증명할 수 없다고 말하는 이론이다. 이를 통해 괴델은 수학 자체에도 한계가 있다는 점을 지적했다.
** 힐베르트는 "어떠한 수학 문제가 주어져도 참과 거짓을 판단할 수 있는 알고리즘이 있는가?"라는 결정문제를 제시했다. 튜링은 1936년 논문에서 튜링 머신의 개념을 도입하며, "그런 알고리즘은 존재하지 않는다"는 결론을 도출했다.

것을 알게 되었다. 이렇듯 튜링은 인간의 사고 과정을 기호 조작의 관점에서 추상화해 내며, 지금껏 신비에 싸여 있던 '생각하기(Thinking)'를 '계산(Computation)'이라는 틀 안에 끌어들였다. 튜링이 제시한 이 혁신적 아이디어는 탈레스의 자연 철학만큼이나 혁명적이었다. 탈레스가 자연 현상을 신화가 아닌 이성으로 설명하려 했듯이, 튜링은 인간의 사고 과정을 보편적 기계를 통한 계산이라는 틀로 설명해 낼 수 있다고 보았다.

이제 탈레스와 앨런 튜링의 평행 이론이 맞아떨어지지 않는가? 신화의 시대에서 과학의 시대로 인도해 준 탈레스, 기계의 시대에서 컴퓨터의 시대로 인도해 준 앨런 튜링. 우리의 삶이 컴퓨터라는 기계로 인해 얼마나 달라졌는지 생각해 보면, 왜 그가 '컴퓨터의 아버지'라는 별칭으로 불리는지 자연스레 이해하게 된다.

오늘날 우리가 사용하는 스마트폰부터 슈퍼컴퓨터, 그리고 그 위에서 작동하는 인공지능에 이르기까지, 모든 디지털 기계는 사실상 '튜링 머신'이라는 이론적 모델 위에 서 있다. 마치 탈레스가 자연 철학의 문을 연 것처럼, 튜링은 디지털 시대의 문을 활짝 열어젖혔다.

물론 튜링의 이야기는 여기서 끝나지 않는다. 튜링은 '컴퓨터의 아버지'이기도 하지만, '인공지능의 아버지'로도 불린다. 튜링 머신을 제안하며 촉망받는 젊은 과학자로 떠오른 그는 2차 세계대전 중에는 전쟁의 흐름을 바꾸는 데 결정적 기여를 했으며, 전쟁 이후엔 인공지능 분야로 눈을 돌려 '튜링 테스트'라는 기념비적 제안을 남긴다.

이번 장의 목적이 인공지능 역사 발전 과정을 철학에 빗대어 보는 것인 만큼 튜링 테스트 이야기로 바로 넘어가야 하는 것이 맞다. 하지만 튜링 하면 2차 세계대전에서의 활약을 빼놓을 수가 없다. 그의 일생을 다룬 영화 〈이미테이션 게임〉에서도 중심이 되는 이야기는 독일군 암호를 해독하기 위해 고군분투하는 그의 모습이다. 그래서 먼저 이 장면을 살펴본 후, 종전 이후 튜링이 인공지능 분야에 어떤 족적을 남겼는지 살펴보도록 하자.

1,400만 목숨을 구한 앨런 튜링

7,000만 명 이상의 사망자를 낸 제2차 세계대전. 인류 역사상 최악이라 불리는 이 거대한 전쟁은 결국 연합군의 승리로 귀결됐다. 미국의 막강한 물자력, 무리한 소련 침공으로 자멸한 히틀러, 바다를 사수한 영국의 저력, 그리고 진주만 기습으로 미국의 분노를 산 일본의 오판이 뒤섞인 결과였다.

하지만 이 승리 이면에는 우리가 잘 모르는 이야기가 숨어 있다. 바로 앨런 튜링을 중심으로 한 영국 암호 해독팀의 조용한 승리다. 전쟁은 총알과 포탄만으로 이기는 게 아니다. 적의 움직임을 미리 아는 것, 그 정보만으로도 전쟁의 판도는 충분히 뒤집힐 수 있다.

2차 세계대전 초반, 추축국*의 기세는 무서웠다. 독일은 폴란드를 순식간에 삼키고 프랑스를 6주 만에 함락시켰으며, 일본은 아시아를 장악하고 미국의 진주만까지 기습했다. 이런 초반 판세가 뒤집힌 핵심 이유 중 하나는 바로 연합국이 정보전에서 앞섰기 때문이다.

전쟁에서 상대방 정보를 미리 파악하는 것은 마치 게임 〈스타크래프트〉에서 맵핵을 켠 것과 같다. 전장의 모든 것이 환하게 보이니 승리는 따 놓은 당상이다. 전간기에 히틀러의 나치는 '에니그마(Enigma, 부록 참조)'라는 난공불락의 암호 기계를 준비했다. 단순 치환이 아닌, 입력할 때마다 규칙이 바뀌는 정교한 설계로 해독 경우의 수가 무려 1해 5,900경에 달했다. 독일군은 이 암호가 절대 뚫리지 않을 것이라 확신했다.

이제 주인공 이야기를 해 보자. 앨런 튜링은 케임브리지에서 학부를 마치고 프린스턴대에서 박사학위를 받은 후, 1938년에 다시 영국으로 돌아온다. 그리고 영국이 독일에 전

---

* 추축국은 제2차 세계대전 당시 독일, 이탈리아, 일본을 중심으로 형성된 군사 동맹이다. '추축'이란 지구가 축을 중심으로 회전하듯 세계가 이들을 중심으로 돌아갈 것이라는 이탈리아의 무솔리니 발언에서 유래했으며, 연합국(미국, 영국, 소련 등)과 대립했다.

쟁을 선포한 직후인 1939년 9월, 블레츨리 파크(Bletchley Park)에 위치한 정부암호학교(Government Code and Ciper School), 암호명 '스테이션 엑스(Station X)*'에 합류한다. 수학자, 언어학자, 체스 챔피언 등 각계의 천재가 이 작전에 투입되었으며, 그 중심에는 앨런 튜링이 있었다.

튜링은 '기계가 만든 암호는 기계가 풀어야 한다'는 관점에서 '봄브(Bombe)'라는 전자기계식 컴퓨팅 장치를 수학자인 고든 웰치먼(Gordon Welchman) 등과 함께 만들어 냈다. 봄브는 내부 구조를 어느 정도 바꿀 수 있었지만, 오늘날의 컴퓨터처럼 자유롭게 프로그래밍이 가능한 기계는 아니었다. 에니그마를 해독하기 위한 정해진 알고리즘에 맞춰 설계된, 특수목적 컴퓨터였던 셈이다.

하지만, 이 장비를 도입했음에도 해독 과정이 순탄치만은 않았다. 독일군은 매일 아침 에니그마의 설정을 바꿨고, 연합군은 그날의 암호를 해독하기 위해 매일 처음부터 다시 시작해야 했다. 시간은 곧 생명이었다. 하루라도 늦으면 수천 명의 목숨이 위험해질 수 있었다.

다행히 독일군의 약점을 찾았다. 그들은 기밀 문서 초반

---

* 제2차 세계대전 당시 영국 정보부(MI6)가 암호 해독 작전을 위해 사용한 비밀 코드네임으로, 이 작전으로 독일의 에니그마 암호를 해독할 수 있었다. 이 작전은 단순한 암호 해독을 넘어 현대 컴퓨터 과학과 인공지능의 태동지로서 인류 역사에 획기적인 기여를 했다.

에 'Heil Hitler!(하일 히틀러!)'라는 문구를 자주 넣었고, 일기예보는 매일 정해진 시간에 보냈다. 튜링은 이런 패턴을 이용해 경우의 수를 크게 줄였다. 수학적 직관과 기계적 효율성이 절묘하게 맞아떨어진 순간이었다. 이를 통해 독일 잠수함인 U-보트와 부대가 전송하는 무선 통신을 해독해 낼 수 있었고, 영국 해군은 독일 함대의 위치와 움직임을 손바닥 들여다보듯 파악하게 된다.

하지만 독일에는 에니그마만 있는 것이 아니었다. 당시 나치 최고사령부에서는 에니그마보다 더 복잡한 암호 체계인 로렌츠 암호(Lorenz Ciper)를 사용하고 있었다. 그래서 튜링이 속한 암호 해독반에게는 더 강력한 해독 무기가 필요했다. 그렇게 탄생한 것이 '콜로서스(Colossus, 부록 참조)'라는 진공관 기반 기기이다. 이 거대한 기계는 프로그래밍 가능한 최초의 전자식 컴퓨터로 불리며, 이후 컴퓨터 역사를 새롭게 써 내려간 기념비적 발명으로 평가받는다. 전쟁이 역설적으로 컴퓨터 시대를 앞당긴 것이다.

2차 세계대전의 또 다른 한 축인 태평양 전쟁에서도 미국은 일본의 암호를 해독하며 전세를 뒤집었다. 특히 미드웨이 해전의 승리는 일본군 암호 해독이 결정적이었다. 영국 역시 독일의 암호를 해독하며 결정적 우위를 점했다. 노르망디 상륙 작전과 같은 전쟁의 분수령이 된 전투에서, 연합군은 독일군의 암호를 완벽히 해독한 정보를 바탕으로 정확한 타이밍을 잡아냈고, 그 효과는 실로 어마어마했다. 더욱 놀라운 것은 독일군은 종전 이후에도 에니그마가 이미 깨졌다는 사실조차 몰랐다는 점이다.

2차 세계대전 후반부로 갈수록 연합군의 승세는 굳어졌다. 미국의 참전과 소련의 반격으로 이미 전세가 기울어진 상황에서, 설령 튜링이 이끄는 암호 해독팀이 없었더라도 추축국의 승리는 불가능했을 것이다. 하지만 튜링과 그의 팀이 이룬 공은 실로 엄청났다. 그들의 암호 해독 덕분에 전쟁은 훨씬 일찍 끝날 수 있었으니 말이다. 역사가들의 연구에 따르면 튜링과 그의 팀은 전쟁을 최소 2년은 앞당겼으며, 이를 통해 무려 1,400만 명의 목숨을 구했다고 평가받는다. 무의미하게 길어질 수 있었던 전쟁이 일찍 종식됨으로써, 더 많은 무고한 희생을 막을 수 있었다.

튜링의 2차 세계대전에서의 활약은 전쟁 영웅을 보는 것만 같다. 총알만 날아다니지 않았을 뿐이지, 그 어떤 전쟁 영웅이 써 내려간 이야기보다 드라마틱하고 감동적이다. 하지만 튜링이 남긴 것은 단순한 전쟁 영웅의 이야기가 아니다. 그는 전쟁이라는 극한의 상황 속에서 현대 컴퓨터의 씨앗을 잉태했다. '기계가 만든 암호는 기계가 풀어야 한다'는 그의 직관은 '기계로 모든 계산 가능한 문제를 해결할 수 있다'는 보편 컴퓨터 개념으로 진화했고, 마침내 뒤에서 살펴볼 "기계가 생각할 수 있을까?"라는 혁명적 질문으로 이어진다.

전쟁의 참상 속에서 우리는 기술의 가속을 목격한다. 그리고 그 기술이 어떻게 역사를 바꾸고, 또 우리의 삶까지 영향을 주는지를 앨런 튜링은 극적으로 보여 주었다. 지금 우리가 사는 디지털 시대이자 AI 시대는, 어쩌면 그 젊은 수학자가 한 손에는 암호 해독 기계를, 또 다른 한 손에는 인간의 지능을 향한 끝없는 호기심을 쥐고 있던 시절부터 이미 시작된 것인지도 모른다.

전쟁 영웅 중 한 명인 튜링은 1946년 대영제국 훈장(OBE)을 받는다. 하지만 블레츨리 파크에서의 임무는 극비 사항이었기에, 구체적인 내역은 오랫동안 베일에 싸여 있었다. 튜링을 비롯한 암호 해독팀의 공헌이 대중들에게 알려진 것은 먼 훗날의 일이다.

그리고 튜링은 전후, 새로운 도전을 시작한다. 인공지능이라는 이름조차 없던 시절, 그는 이미 '생각하는 기계'의 가능성을 탐구하기 시작했다. 이제 튜링의 전후 활약상을 살펴보러 가자. 흥미롭게도 그의 접근법은 인류 역사상 가장 위대한 철학자 중 한 명의 그것과 놀라울 정도로 닮아있다. 끊임없는 질문을 통해 진리를 찾아 나선 고대 그리스의 현자와 기계가 생각할 수 있는지를 탐구한 20세기의 천재 수학자. 이

두 사람의 여정을 함께 살펴보며, 인공지능의 본질에 한 걸음 더 다가가 보자.

소크라테스와 앨런 튜링

소크라테스와 챗GPT, 문답에서 피어나는 철학적 대화

우리가 철학자 하면 가장 먼저 떠오르는 인물이 바로 소크라테스일 것이다. 그리스 아테네에서 활약했던 소크라테스는 사람을 일방적으로 가르치기보다, 질문과 대화를 통해 스스로 답을 찾아가도록 이끈 것으로 유명하다. 그의 대화법은 훗날 '산파술'이라 불렸다. 산파가 산모의 출산을 도와주듯 진리를 끌어내는 방식이라는 뜻이다. 또한 태어날 때 망각의 강을 건너며 잊어버린 것을 다시 떠올리게 해 준다는 의미에서 '상기법'이라고도 불린다.

그렇다면 소크라테스가 대화 상대자를 계속 추궁하며, 꼬리에 꼬리를 무는 질문을 던지는 장면은 무엇을 떠올리게 할까? 마치 우리에게 끊임없이 답변해 주며 대화를 이어 가는 챗GPT가 떠오르지 않는가?

　이 책에서는 가급적 인공지능 학계의 역사적 흐름을 따라가려 한다. 하지만 중요한 사건들은 앞뒤로 자유롭게 오갈 수 있다. 챗GPT 역시 마찬가지다. 오늘날 인공지능 시대의 문을 활짝 열었다고 평가받는 챗GPT 얘기를 여기서 먼저 해 보려 한다. 게다가 소크라테스의 삶을 들여다보면 자연스레 챗GPT가 떠오르기에 이를 먼저 가지고 왔다. 그 이유는 곧 알게 될 것이다.

　2022년 11월 30일, 오픈AI가 공개한 챗GPT는 전 세계를 충격의 도가니로 밀어 넣었다. 사람처럼 자연스러운 대화는 기본이요, 농담도 척척 던지는 이 녀석은 논문 작성부터 프로그래밍, 에세이 작성까지 거의 모든 분야에서 놀라운 실력을 뽐냈다. 출시 5일 만에 100만 명, 2개월 만에 1억 명의 사용자를 끌어모으며 역사상 가장 빠르게 성장한 서비스라는 기록도 세웠다. 딥러닝 기술을 기반으로 한 이 생성형 인공지능은 우리 삶의 모든 영역을 뒤흔들고 있다. 챗GPT 이후 온갖 분야에서 생성형 인공지능이 봇물 터지듯 쏟아졌다. 학교에서는 학생들의 에세이 작성을 돕고, 기업에서는 업무 방식을 완전히 바꾸고 있으며, 예술가들에게는 새로운 영감을 선사하고 있다.

　하지만 인류는 이 편리함 뒤에 숨은 두려움도 느끼기 시작했다. 인공지능이 우리를 대체하거나, 더 나아가 우리를 지배하지 않을까 하는 공포다. 인류가 처음으로 진정한 의미의 '생각하는 기계'와 마주하게 된 것이 바로 챗GPT의 등장이었다. 이 책이 세상에 나오게 된 것도 그 때문이다.

질문을 통해 진리를 이끌어 내는 철학자와, 답변을 통해 지식을 전달하는 인공지능. 이 둘이 만나면 어떤 대화가 펼쳐질까? 생전에 만나는 사람마다 끊임없이 질문을 던져서 아테네인들이 피해 다녔다는 소크라테스라면, 지루함도 감정도 모르는 챗GPT와 한없이 대화를 이어 갔을지도 모른다. 영혼의 세계를 믿었던 소크라테스라면 저세상에서 챗GPT와 신나게 떠들고 있을 것만 같다. 소크라테스가 챗GPT에 무엇을 질문할지, 또 소크라테스에게 끊임없이 답변을 내놓을 인공지능은 무슨 철학적인 답변을 할지 궁금해진다. 진리가 무엇인지라는 오래된 질문에 대한 답을 찾아, 테스 형과 챗GPT는 긴 대화를 이어 가고 있지 않을까?

아는 척하는 AI를 소크라테스가 만난다면?

소크라테스의 철학을 생소하게 느끼는 사람들도 소크라테스가 했다는 유명한 말 "너 자신을 알라"는 들어 봤을 것이다. 그러나 소크라테스는 이 말을 한 적이 없다. 또 다른 유명한 말인 "악법도 법이다" 역시 소크라테스가 했다고 알려졌으나, 실제로 확인은 어렵다. 소크라테스는 자신의 철학을 책으로 남기지 않았기 때문이다. 예수가 그랬던 것처럼, 공자가 그랬던 것처럼, 석가모니가 그랬던 것처럼 소크라테스의 철학은 제자가 대신 전달한다. 소크라테스의 제자가 바로 그 유명한 플라톤이다. 플라톤이 스승인 소크라테스가 주변 사람들과 나눈 대화를 기록한 〈대화편〉에서 우리는 소크라테스의 사상을 살짝 엿볼 수 있다.

소크라테스의 철학은 인공지능의 학습 방식과도 맞닿아 있다. 소크라테스는 '무지(無知)의 지(知)*'를 강조하며, 자신이 무엇을 모르는지 아는 것이 지혜의 시작이라고 했다. 흥미롭게도, 인공지능의 학습 과정도 이와 유사하다. 초기 인공지능은 불완전한 상태로 시작하지만, 데이터를 학습하고 오류를 수정하며 점점 더 정교한 답변을 내놓는다. 마치 소크라테스의 문답법(산파술, 상기법)처럼, 인공지능도 끊임없이 피드백을 받으며 지능을 향상시켜 간다.

우리 주변에는 크게 두 부류의 사람이 있다. 자신이 무엇을 모르는지도 모르는 채 "난 다 안다"는 태도로 사는 사람들

---

* 자신이 아는 것과 모르는 것을 정확히 구분하는 지혜를 의미한다. 아무것도 모른다는 것을 안다는 역설적 깨달음에서 출발하는 이 개념은, 오만한 가짜 지식보다 스스로의 한계를 인정하는 겸손함이 참된 지식 추구의 시작이라는 철학적 통찰을 담고 있다.

과, 스스로 모른다는 걸 인정하고 끊임없이 질문하며 진짜 앎을 찾아가는 사람들이다. 소크라테스는 후자의 길을 걸었다. 우리는 이를 '소크라테스적 무지'라 칭한다.

대화를 통해 자신과 상대방 모두가 어디까지 알고 어디서부터 모르는지를 깨닫게 한 소크라테스는, 질문과 답변이 쌓여 가며 진리가 서서히 베일을 벗는 과정을 가장 소중하게 여겼다.

소크라테스가 활동하던 고대 그리스에는 유랑하며 수사학과 변론술을 가르치는 소피스트(Sophist) 무리가 있었다. 그중에는 고르기아스나 프로타고라스처럼 훌륭한 철학자도 있었지만, 단순 말장난으로 상대를 이기는 법만 가르치는 이들도 적지 않았다. 진리와 도덕을 깊이 탐구하던 소크라테스는 이런 소피스트들의 태도를 강하게 비판했다. 그가 봤을 때, 진리를 모르면서도 아는 척 포장하는 것은 스스로 무지를 자각하지 못한 상태와 다르지 않았기 때문이다.

요즘 인공지능이 종종 존재하지 않는 정보를 사실인 양 꾸며내는 '할루시네이션(Hallucination)* 문제를 일으킨다는 점은

---

*할루시네이션은 환각이라는 뜻으로, 인공지능 분야에서는 인공지능이 실제 존재하지 않는 정보를 사실인 것처럼 그럴듯하게 만들어 내는 현상을 말한다. 챗GPT와 같은 대형 언어 모델이 확률 기반으로 텍스트를 생성하는 과정에서 발생하는 심각한 문제점이다.

의미심장하다. 소크라테스가 가장 경계했던 것은, '모르면서도 아는 척'하는 태도였다.

챗GPT 역시 방대한 데이터 속에서 통계적으로 그럴듯한 답변을 만들어 낼 뿐, 진정한 의미의 '앎'을 갖고 있는지는 불투명하다. 이 지점에서 소크라테스가 말했던 '무지의 지'가 다시금 떠오른다.

그렇다면 만약 소크라테스가 챗GPT를 만난다면 어떤 대화가 오갈까? 아마도 끊임없는 질문을 던지는 소크라테스와 지치지 않고 답변하는 챗GPT의 대화는 꽤 흥미진진할 것이다. 소크라테스는 챗GPT가 잘못된 정보를 줄 때마다, 하나하나 파고들며 그걸 어떻게 아는지, 근거가 있는지 등을 물을 것만 같다. 그때마다 챗GPT는 스스로 그 오류를 고치거나 다른 자료를 제시해 보려 애쓰지 않을까?

물론 챗GPT가 소크라테스의 기대에 미치지 못하는 답변만 남발한다면, 그는 챗GPT를 소피스트 중 하나로 취급하며 코웃음을 칠 가능성도 있다. 한편으론, 그 학습 과정을 지켜보며 소크라테스는 은근히 즐거워할지도 모른다. 무지에서 시작해 조금씩 더 나은 답을 찾아가는 과정을 거의 실시간으로 목격하게 될 테니 말이다.

소크라테스가 말한 "가장 현명한 사람은 자신이 아무것도 모른다는 사실을 아는 사람이다"라는 철학은, 사실 인공지능 설계자들에게도 시사하는 바가 크다. 인공지능 역시 스스로 어디를 모르는지를 작고, 그 무지를 메우기 위한 과정을 거쳐야 더 정확하고 믿을 수 있는 결과를 낼 수 있다. 실제로 챗GPT를 비롯한 대형 언어 모델(LLM, Large Language Models)*은 사람들의 피드백을 바탕으로 조금씩 오류를 수정해 나가고 있다. 마치, 소크라테스가 문답을 통해 상대방과 진리를 찾아갔듯, 인공지능도 인간과의 상호작용을 통해 스스로의 한계를 인식하고 발전해 가는 중이다.

결국 "너 자신을 알라"는 말이 소크라테스가 남긴 직접 말이든 아니든, 그 정신은 무엇을 알고 무엇을 모르는지를 끊임없이 의심하라는 데 있다. 우리는 인공지능 시대를 맞이해, 어쩌면 다시 한번 소크라테스의 문제의식을 곱씹어 볼 필요가 있다. 스스로 무지함을 깨닫고 겸허히 배우려는 태도를 통해, 인간도 인공지능도 진정한 성장을 할 수 있지 않을까?

오늘날 인공지능은 당연한 듯 우리 곁에 머물고 있다. 이제 인공지능이 없으면 아무런 일도 못 한다는 사람이 늘고 있다. 이럴 때일수록 무지를 깨닫고 질문을 던지는 행위가 더욱 소중해졌다. 어떤 문제든 경솔히 알고 있다고 덤비기보다, 조

---

* 대형 언어 모델은 방대한 텍스트 데이터로 학습된 거대 인공 신경망으로, 인간의 언어를 이해하고 생성할 수 있는 AI 시스템이다. 챗GPT, 클로드와 같은 이 모델들은 수천억 개의 매개변수를 가지고 있으며, 글쓰기, 번역, 요약, 대화 등 다양한 언어 작업을 수행할 수 있다.

금 더 내가 모르는 것에 주목하고, 그 빈틈을 메우려 애쓰는 과정을 즐길 수 있다면, 한층 더 지혜에 가까워질 수 있다. 과거 그리스 시대를 소크라테스는 오늘날 우리와 인공지능에게 묻고 있는 것만 같다. "당신은 정말로 아는가, 아니면 아는 척하는가?"

현대 철학자 앨프리드 화이트헤드(Alfred Whitehead)가 "서양 철학은 플라톤의 각주일 뿐이다"라고 말한 것은 유명하다. 그만큼 서양철학사에는 플라톤의 영향력이 깊게 스며들어 있다. 화이트헤드의 말대로라면 그 근원은 플라톤의 스승인 소크라테스에게서 시작된다고 볼 수 있다.

소크라테스 이전의 철학자들은 자연에 관심을 가졌다. 만물의 근원이 무엇인지를 찾아 헤매던 이들을 우리는 자연 철학자라고 불렀다. 하지만 소크라테스는 달랐다. 그는 자연이 아닌 '인간'에 주목했다. 올바른 인식은 자기 안에서 비롯된다는 믿음으로, 인간 이성을 통해 진리를 찾으려 노력했다. 소크라테스에 이르러 철학은 마침내 인간을 들여다보기 시작한 것이다.

자, 그렇다면 인공지능의 역사로 돌아가서, 인공지능 세계에서는 누가 이런 전환점을 마련했을까? 기계 그 자체에 주목하며 인공지능이라는 새로운 길을 연 인물은 누구일까? 이어서 소크라테스처럼 인공지능의 시원이 된 사람을 만나 보자.

기계는 생각할 수 있는가? 기계 지능의 서막

"Can machines think?"

인공지능 시대를 살고 있는 우리는 한 번쯤 해 볼 법한 이 질문이, 처음 던져졌을 때는 상당히 혁명적이었다. 1950년, 한 수학자는 자신의 논문 첫 문장을 통해 이 도발적인 질문을 던졌다.(부록 참조) 컴퓨터라는 개념조차 낯설던 시절, 기계가 생각할 수 있다니. 당시 학계는 물론 일반 대중들에게도 이는 SF 영화의 한 장면 같은 상상은 아니었을까?

오늘날 우리는 매일 챗GPT와 대화하고, AI 비서에게 일정을 물어보며, 자율 주행 자동차가 도로를 누비는 세상을 살고 있다. 하지만 70여 년전, 젊은 천재 수학자인 앨런 튜링이 던진 이 질문은 여전히 우리 앞에 남아 있다. 기계는 정말 생각할 수 있을까?

영국의 제임스 와트(James Watt)가 1769년 증기기관 특허를 얻어 산업혁명의 문을 열었다면, 같은 영국의 앨런 튜링은 1936년 컴퓨터 이론의 토대를 닦아 우리가 맞이한 '정보혁명'을 준비시켰다. 우리는 이를 탈레스가 철학이라는 거대한 흐름을 연 것에 비유한 바 있다. 여기까지만 해도 천재적 업적이라고 볼 수 있지만, 튜링은 여기서 한 걸음 더 나아간다.

컴퓨터 개념을 정립한 1936년 이후, 튜링은 2차 세계대전 중 암호 해독 작업으로 잠시 방향을 틀었지만, 그 와중에도 기계와 지능에 대한 고민을 이어 갔다. 1941년부터 기계 지능에 대한 개념을 다듬기 시작했으며, 1947년 한 강연에서 '컴퓨터 지능(Computer Intelligence)'이라는 용어를 언급했다. 이는 기계와 지능을 연결시킨 가장 이른 시기의 강연 중 하나로 여겨진다. 그리고 1950년, 〈계산 기계와 지능(Computing Machinery and Intelligence)〉이라는 기념비적인 논문(부록 참조)에서 역사적인 질문을 던지게 된다. 앞서 우리가 봤던 소크라테스가 끊임없는 질문으로 철학의 길을 연 것처럼, 튜링은 기계와 지능을 연결시킨 혁명적 질문을 던지며 인공지능 시대의 문을 활짝 열었다.

"기계는 생각할 수 있는가?"라는 질문에는 수많은 전제가 숨어 있다. 도대체 '사유'란 무엇이며, '인간'은 무엇이고, '지능'이란 또 무엇일까? 이는 고대 철학부터 이어져 온 근본적 질문이다. 17세기 철학자 르네 데카르트(René Descartes)는 '인간은 정신과 육체가 결합한 존재'라 보면서, 기계는 단순 물질이라 단정 지었다. 1637년 그의 저서 《방법서설》에는 설령 인간을 완벽하게 모방하는 기계가 있더라도, 그들은 언어를 구사하지 못할 것이라는 주장이 나온다. 당시로서는 합리적인 추론이었을지 모르나, 오늘날 우리는 기계가 인간의 언어를 얼마나 잘 모방하는지 목격하고 있다.

튜링은 이 모든 전통적 관념에 정면으로 도전장을 내밀었다. 그의 1950년 논문은 당시 사회에 만연하던 기계 지능에 대한 편견들을 하나하나 조목조목 반박해 나간다. 신이 부여한 영혼 없이는 생각할 수 없다는 신학적 주장부터, 기계의 사고가 인류의 종말을 초래할 거란 막연한 공포, 심지어 인간의 뇌처럼 복잡한 신경계는 결코 모방할 수 없다는 생물학적 편견까지. 튜링은 이런 선입견들을 차근차근 논리적으로 반박하며 새로운 방향을 제시했다.

무엇보다 그의 접근법은 혁신적이었다. 기계의 본질이 무엇인지, 사고란 무엇인지 같은 근본적 논쟁은 잠시 뒤로 미뤄 두자고 했다. 그보다 먼저 우리가 정말 알고 싶은 것, 즉 기계가 인간처럼 보이는 사고를 할 수 있는지 그것부터 검증해 보자는 제안이었다. 과학자답게 실험 가능한 가설부터 세워 보자는 발상이다.

그렇게 탄생한 것이 바로 '이미테이션 게임(Imitation Game)', 흔히 말하는 '튜링 테스트(Turing Test)'다. 튜링은 남자와 여자를 구별하는 게임을 살짝 변형해, 심사위원이 두 참가자와 질의응답을 나눈다. 한 명은 인간이고 다른 한 명은 기계다. 만약 심사위원이 누가 기계인지 구분하지 못한다면, 우리는 그 기계가 '생각할 수 있다'고 인정하자는 것이다. 마치 소크라테스가 끊임없는 질문과 답변으로 진리를 찾아갔듯이, 튜링은 대화를 통해 기계가 사고할 수 있는지를 판별하자고 제안한 것이다.

튜링은 훗날 이 테스트가 기계 지능을 판별하는 대표 기준처럼 여겨질 것이라 상상하지 못했을 것이다. 본인은 이 테스트를 '이미테이션 게임'이라 불렀지만, 지금 전 세계는 이를 '튜링 테스트'라 부른다. 게다가 그의 생애를 다룬 영화 제목이 〈이미테이션 게임〉이 되었다. 이 광경을 하늘에서 보고 있을 튜링의 심경은 어떠할까?

많은 이들은 튜링의 역사적인 논문에서 튜링 테스트에 주목한다. 하지만 여기서 한 부분을 더 살펴봐야 한다. 바로 튜링이 생각한 기계 지능의 범위이다. 그는 단순히 연산이나 체스와 같은 게임 능력만으로 기계 지능의 범위를 한정하지 않았다. 그가 직접 제시한 예시는 훨씬 광범위하다. 아래 내용을 보자.

친절함, 아름다움, 친밀함, 유머 감각, 실수하기, 사랑에 빠지기, 딸기와 크림을 즐기기, 경험에서 배우기, 단어를 적절히 사용하기, 자기 자신에 대해 생각하기, 인간처럼 다양한 행동을 하기, 새로운 것을 창조하기

튜링이 제시한 기계 지능의 범위가 놀랍지 않은가? 컴퓨터가 오로지 특수 목적을 위한 기계라고 여겨지던 당대 인식과 정면으로 충돌하는 사고다. 튜링은 저장 용량이 큰 범용 컴퓨터라면, 기계적이라고 상상되지 않는 일들도 다 해낼 수 있을 거라 내다봤다. 그는 2차 세계대전 중 이미 블레츨리 파크에서 경험과 데이터로부터 결론을 도출하는 전례 없는 암

호 해독 방식을 봐 왔기에, 단지 규칙만 따르도록 기계를 만들던 이들과 다른 의견을 제시할 수 있었다.

이후 인공지능 개발자들은 튜링 테스트를 넘어야 할 '최종 보스'처럼 바라보기도 했다. 2014년에 유진 구스트만(Eugene Goostman)이라는 이름의 챗봇이 튜링 테스트를 통과했다는 뉴스가 나왔을 때, 전 세계가 술렁이기도 했다. 그러나 사람인 척하며 심판을 속인 것에 불과하다는 비판이 제기되며, 튜링 테스트가 정말로 기계가 생각한다는 증거가 될 수 있는지 논쟁이 재점화되기도 했다. 미국의 철학자 존 설(John Searle)의 유명한 '중국어 방 논증*'처럼 챗봇 같은 존재가 단지 규칙이나 자료에 따라 답변을 하는 것만으로 기계가 생각한다고 보기 어렵다는 이견도 여전하다.

게다가 심지어 현실에서는 사람 중 일부가 튜링 테스트에서 기계로 판별받는 경우가 발생하기도 한다. 반대로 기계가 통과해 버릴 가능성도 제기된다. 실제로 챗GPT와 같은 최근의 생성형 인공지능은 튜링 테스트를 통과했다고 간주하는 학자들도 있다. 그래서 요즘은 역(逆)튜링 테스트 같은 보완

---

* 1980년 존 설이 제시한 사고 실험으로, 이해 없는 규칙 따르기만으로는 진정한 '생각'이나 '이해'가 불가능하다고 주장하고 있다. 중국어를 모르는 사람이 방 안에서 매뉴얼에 따라 중국어 질문에 기계적으로 답하면 외부인은 그가 중국어를 이해한다고 착각한다. 이처럼 인공지능은 아무리 정교한 답변을 내놓더라도 그 의미를 실제로 이해하지 못한다는 인공지능의 근본적 한계를 지적하고 있다.

실험이나, 새로운 지능 판별 기준이 제안되기도 한다. 그렇다면 1950년에 제안된 튜링 테스트는 이제 아무 의미가 없는 걸까?

오늘날 인공지능의 IQ가 보통의 사람 지능보다 높게 측정된다는 연구 결과가 눈에 띄기 시작한다. 그런 현실에서도 여전히 튜링이 던진 질문인 "기계는 생각할 수 있는가?"라는 질문에 선뜻 답하기 어렵다. 철학과 과학이 발전했어도, 이 질문만큼은 인간의 사유란 무엇인지와 떼놓고 생각할 수 없기 때문이다. 여전히 우리는 튜링의 질문에 대한 답을 찾고 있다. 그리고 튜링 테스트는 완벽한 해답이 아님을 알게 되었다. 하지만 기계도 사랑하고, 실수하고, 딸기를 좋아하며, 경험에서 배우는 존재가 될 수 있겠느냐는 화두를 세상에 던진 것만으로도, 튜링은 명실상부한 인공지능 시대의 첫 질문자가 되었다.

비극으로 끝난 두 천재의 길

아테네의 시장 한복판에서 누구든 붙잡고 진리를 묻던 철학자가 있었다. 고대 그리스의 소크라테스다. 끊임없는 질문으로 무지의 지를 일깨우려 했던 그였지만, 아테네 시민들에게 이런 태도는 불편함을 넘어 거부감으로 다가왔다. 결국 기원전 399년, 그는 신들을 부정하고 젊은이들을 타락시켰다는 죄목으로 고발당한다. 법정에서 당당하게 자신을 변호했지만, 배심원단은 사형을 선고했다. 친구들이 마련해 준 탈옥의 기회마저 거부한 채, 그는 독배에 담긴 맹독성 쥐오줌풀, 헴록(Hemlock)을 마시고 최후를 맞는다. 당시 그의 나이는 70세 전후. 끝까지 자신의 신념을 굽히지 않았기에 위대한 최후라 불리지만, 결국 국가가 내린 판결 앞에 힘없이 쓰러진 개인의 모습이기도 하다.

2,300년의 세월을 건너뛰어 현대의 '아테네' 같던 영국. 독일군의 암호를 해독해 1,400만 명의 목숨을 구한 앨런 튜링은 컴퓨터의 이론적 기초를 닦고 인공지능이라는 새로운 지평을 연 천재 중의 천재였다. 하지만 전쟁이 끝난 후, 동성애를 금지하던 영국 법에 걸려들어 유죄 판결을 받는다. 그는 감옥형이나 화학적 거세 중 하나를 선택해야 했다. 연구를 계속하기 위해 후자를 택했지만, 그 고통은 상상을 초월했다. 1954년, 고작 41세의 나이에 그는 청산가리를 묻힌 사과를 베어 물고 생을 마감했다. 그의 사망은 공식적으로 자살로 기록되었지만, 튜링이 전시 기밀을 누설하는 것을 막기 위해 암살했다는 설도 있다. 물론 이 추측은 음모론에 가깝다는 평이다. 일각에서는 사과에서 청산가리가 발견되지 않았고, 튜링이 집에서 자주 화학 실험을 했다는 점을 들어 사고사일 가능성도 제기하고 있다.

컴퓨터와 인공지능이라는 거대한 분야의 초석을 닦은 스승이었음에도, 한동안 그의 죽음은 대중의 관심에서 사라졌다. 오랜 후에야 전쟁 중 암호 해독 공로가 밝혀진다. 결국 사후 59년 만인 2013년 엘리자베스 2세 여왕에 의해 '사후 사면령'을 받으며 명예가 회복되었다. 2021년, 영국의 최고액권인 50파운드 신권의 인물로 등장한 그의 초상을 통해서나마 우리는 위대한 천재를 기리고 있다.

두 인물의 최후는 놀랍도록 닮아 있다. 한 사람은 독배를, 다른 한 사람은 독이 든 사과를 들었다. 서로 다른 시대와 환경이었지만, 경직된 법과 편견은 두 천재를 억압했다.

그러나 이들이 남긴 '질문'은 시대를 초월해 살아 있다. 소크라테스가 "무지의 지"를 통해 인간 이성을 재발견하도록 이끌었듯, 튜링은 "기계는 생각할 수 있는가?"라는 혁신적 물음을 던지며 인공지능 시대를 열었다. 오늘날 챗GPT를 비롯해 인공지능이 쏟아 내는 정보의 홍수 속에서, 우리는 다시금 소크라테스와 튜링의 경고를 되새길 필요가 있다. 소크라테스는 인간의 이성을 통해 진리를 찾으려 했고, 튜링은 기계 지능의 존재 가능성에 대한 혁명적 질문을 던졌다. 오늘날 우리는 챗GPT와 같은 거대 언어 모델들과 대화하며, 튜링이 던진 질문과 매일 같이 마주하고 있다. 동시에 소크라테스의 "스스로 모르고 있음을 깨달으라"는 가르침은, 인공지능이 쏟아 내는 엄청난 정보의 홍수 속에서 더욱 절실해지고 있다.

두 천재가 우리에게 남긴 마지막 메시지 또한 서로 닮아 있다. 독배를 든 철학자와 청산가리 사과를 든 수학자. 그들의 혁신은 질문에서 시작됐고, 그 질문은 아직도 끝나지 않았다.

chapter 2

AI,
철학과 만나다 II

합리론과 기호주의
(Symbolic AI)

플라톤과 기호주의의 만남

"인간 지능의 모든 측면을, 우리가 기계로 완벽하게 구현할 수 있지 않을까?"

1956년 여름, 다트머스 대학(Dartmouth College)에 모인 젊은 과학자들은 인간의 지능을 기계로 구현하겠다는 야심찬 꿈을 품고 있었다. 하지만 그 방법은 아직 정해지지 않았다. 다만 한 가지 확신이 있었다. 인간의 지능이 어떤 방식으로든 기계적으로 구현 가능하리라는 것. 이 모임에 참석한 젊은 연구자들, 훗날 전설적인 학자들이 되는 그들은 점차 하나의 방향으로 기울어 간다. 바로 '명확한 규칙'을 통해 지능을 구현하는 방식이었다. 마치 수학 공식처럼, 모든 문제를 풀 수 있는 규칙만 있다면 기계도 생각할 수 있게 된다고 믿고, 이를 구현하고자 하였다.

그런데 이러한 사고방식은 전혀 새로운 것이 아니다. 이미 2천 년 이상 전, 감각은 불완전하며 오직 이성적 '규칙'만이 진리에 도달할 수 있다고 주장했던 철학자가 있었다. 바로 고대 그리스의 플라톤이다.

1장에서 우리는 소크라테스와 앨런 튜링의 만남을 지켜봤다. 끊임없이 질문을 던지는 소크라테스와 기계 지능에 대한 혁명적 질문을 던진 튜링. 이제 우리는 소크라테스의 제자인 플라톤을 만나 보자. 그는 스승의 '무지의 지'에서 한 걸음 더 나아가, 이성만이 진리에 이르는 유일한 길이라 주장했다.

플라톤은 우리가 보고 듣고 느끼는 세상이 진짜가 아니라고 이야기한다. 그 유명한 '동굴의 비유'를 살펴보면 그 의미가 더욱 선명해진다. 동굴 안에 사슬에 묶인 죄수들이 있다. 이들은 태어날 때부터 동굴 벽만 바라보도록 강요받았다. 그들 뒤에는 불이 타오르고, 그 불빛에 의해 벽에는 바깥세상 물체들의 그림자만 비친다. 죄수들은 이 그림자가 전부라고 믿으며 살아간다. 그중 한 죄수가 사슬에서 풀려나 동굴 밖으로 나가게 되면, 눈부신 태양과 세상의 실제 모습을 깨닫는다. 그리고 동굴로 돌아가 진실을 전하더라도, 동굴에 남아 있던 사람들은 그를 조롱하고 오히려 해치려 든다. 익숙한 그림자 세계밖에 모르기 때문이다.

이 동굴 속 죄수들이 상징하는 것은, 감각이라는 어둠에 갇힌 인간의 상태다. 그리고 동굴 밖 태양이 상징하는 것은 이성적 빛, 즉 진정한 실재인 '이데아(Idea)'에 대한 깨달음이다. 플라톤은 오직 이성만이 우리가 동굴을 벗어날 수 있는 열쇠라 믿었다. 우리의 감각과 경험은 불완전하며, 진리로 가는 길은 철저히 논리적이고 합리적인 토대를 통해서만 열릴 수 있다고 봤다. 이는 소크라테스가 강조한 '무지의 지'와도 이어진다. 또한, 플라톤의 이런 관점은 놀랍게도 초기 인공지능 연구자들의 철학과 맞닿아 있다.

　1950년대 후반부터 1970년대초까지 전성기를 누린 '기호주의 인공지능(Symbolic AI)'이 대표적이다. 이들은 명확한 기호와 규칙, 그리고 논리만 있으면 지능을 구현할 수 있다고 믿었다. 데이터를 쌓아올려서 지식을 얻는 것이 아닌, 마치 수학 공식처럼 명확한 논리 규칙을 만들어 기계에 주입하면 인공지능이 탄생할 것이라 본 것이다. 감각적 경험보다 이성적 규칙을 중시했다는 점에서, 플라톤의 철학과 놀라울 정도로 닮아 있다.

　만약 플라톤이 오늘날 살아 있다면, 동굴 안에서 어렴풋이 보이는 감각 데이터보다, 컴퓨터가 다루는 명료한 기호와 규칙을 더 믿지 않았을까? 사람들은 감각에 좌우되고 감정에 휩쓸리지만, 기호적 추론만큼은 동굴 밖 세상의 태양과 같은 확실함을 줄 수 있다는 식으로 말이다. 만약 플라톤이 현대에 태어났다면, 그는 감각적 경험보다 명확한 논리 체계를 중시하며 기호주의 AI 연구를 이끌었을지도 모른다. 인간의 감각은 불완전하지만, 기호와 논리적 규칙을 통해 사고하는 기계는 오류 없이 완벽한 사고를 할 수 있으리라 믿었을 것이다.

오늘날 우리는 챗GPT 같은 거대 언어 모델이 보여 주는 놀라운 성과를 목격하고 있다. 여기서 우리는 한 가지 역설을 발견하게 된다. 최근의 인공지능은 규칙이 아닌 데이터, 즉 '경험'을 통해 학습한다. 플라톤이 경계했던 감각의 세계에 더 가까운 방식이다. 그가 그토록 불신했던 그림자의 세계를 모방하는 방식이, 오히려 더 뛰어난 인공지능을 만들어 내고 있다. 감각과 경험을 통한 학습이 이성적 규칙보다 더 강력한 도구가 된 것이다. 마치 플라톤의 철학이 현대 인공지능 앞에서 뒤집어지는 듯한 모습이다.

그렇다고 해서 플라톤의 통찰이 완전히 틀렸다고 말할 수는 없다. 오늘날의 인공지능도 할루시네이션이라는 큰 문제를 안고 있다. 없는 사실을 있는 것처럼 만들어 내는 현상 말이다. 데이터만으로는 진정한 이해와 추론이 어렵다는 한계가 드러나고 있는 것이다. 이런 맥락에서 보면, 플라톤이 강조했던 이성적 추론의 중요성은 여전히 유효한 지적일 수 있다.

앞서 우리는 "서양철학은 플라톤에 대한 일련의 주석에

불과하다"는 화이트헤드의 말을 살펴봤었다. 처음엔 좀 과한 말처럼 들리지만, 플라톤의 영향력을 찾아보면 생각이 달라진다. 데카르트를 거쳐 근대 합리론으로 이어지는 철학사는 물론이고, 기독교 신학부터 〈매트릭스〉 같은 SF 영화까지 플라톤적 사유가 짙게 배어 있다. 플라톤의 철학은 현대 사회 곳곳에서 발견된다. 그의 '이데아론'은 가상과 현실을 구분하는 개념적 틀을 제공하며, 오늘날의 인공지능 연구에도 영향을 미치고 있다. 이렇게 큰 족적을 남긴 플라톤이기에, 그의 사상은 은연중에 인공지능의 역사에도 영향을 미쳤을 것이다. 아니, 어쩌면 직접적인 영향을 주었을지도 모른다.

1956년 여름, 다트머스 대학에 모인 젊은 과학자들이 꿈꾼 세상. 그들이 찾아 나선 '완벽한 지능'이라는 이상향은, 어쩌면 플라톤이 말한 이데아의 현대적 부활이 아니었을까? 이제 그 현장을 찾아가 보자.

인공지능, 매력적이지만 논란의 여지가 있는 이름의 탄생

"가장 불행한 이름 중 하나는 인공지능이다."

마이크로소프트의 CEO 사티아 나델라(Satya Nadella)가 2024년 한 인터뷰에서 던진 말이다. 그는 차라리 '다른 지능(Different Intelligence)'이라는 이름이 더 나았을 거라고 덧붙였다.

인공(artificial)이라는 단어가 마치 인간 지능의 완벽한 복제품이나 경쟁자처럼 비춰지게 만든다는 우려였다. 그의 말대로라면, 우리는 70년 전 지은 이름 하나 때문에 인공지능을 오해하고 있는 걸까?

1956년 여름, 미국 뉴햄프셔주의 작은 도시 해노버. 아이비리그의 명문 다트머스 대학에 젊은 과학자들이 모였다. 훗날 다트머스 회의(부록 참조)라 불리는 이 모임에 참석한 존 매카시, 마빈 민스키, 클로드 섀넌(Claude Shannon) 등 당시 촉망받던 젊은 연구자들의 목표는 원대했다. "인간이 지능을 써서 하는 모든 일을 기계도 할 수 있게 만들자." 이런 야심찬 계획을 담은 제안서에서 처음 등장한 단어가 바로 '인공지능(Artificial Intelligence)'이다. (부록 참조)

재밌는 건, 그들 모두가 인공지능이라는 명칭에 동의했던 건 아니라는 점이다. 흥미롭게도, 당시 학자들* 사이에서도 '인공지능'이라는 용어에 대한 논란이 있었다. 일부 연구자들은 '오토마타(Automata) 연구'나 '정보 처리'라는 용어를 선호하기도 했지만, 존 매카시는 보다 도전적이고 혁신적인 느낌을

---

* 디지털 통신의 선구자인 섀넌은 오히려 '오토마타 연구'라는 용어를 선호했고, 허버트 사이먼(Herbert Simon)과 앨런 뉴얼(Allen Newell)은 자기들의 프로젝트를 '복잡한 정보 처리'라고 불렀다. 마빈 민스키 역시 이 인공지능이라는 말이 포괄적이라며, 슈트케이스(Suitcase)처럼 온갖 해석이 가능하다는 주장을 한 바 있다.

주는 '인공지능'이라는 이름을 밀어붙였다. 이 배경에는 매카시의 야심이 있었다. 그는 인공지능이란 이름이 너무 번지르르하다는 지적이 있다는 걸 인정하면서도, 반대로 도전적이고 섹시하게 들릴 수 있다고도 봤다. 당시 록펠러 재단의 자금을 따내야 했던 매카시가 보기엔, 인공지능처럼 파격적이고 사람들의 시선을 잡아끄는 용어야말로 연구 프로젝트를 어필하기에 적격이었다. 그는 이 이름을 단호히 밀어붙였고, 결국 다트머스 회의 공식 제안서에도 그렇게 적혔다.

"인공지능이란, 인간이 그렇게 행동한다면 총명하다고 인정받을 방식을 기계가 구현하도록 만드는 것이다."(부록 참조)

인공지능이라는 이름은 분명 매력적이다. 사람들은 기계가 인간처럼 생각한다는 상상을 하며 열광하기 쉽다. 그러나 아이러니하게도, 연구자들 입장에선 그 이름이 다루는 범주가 너무 넓어 종종 곤혹스러웠다. 왜냐하면 인간의 수많은 지능의 범주 중 단 하나라도 기계가 흉내 내면, 그것 역시 인공지능이라 부르는 관행이 자리 잡았기 때문이다.

예컨대 체스 프로그램을 만들면 그건 인공지능이다. 바둑 프로그램도 인공지능이다. 이미지를 인식하면 인공지능, 번역을 하면 인공지능, 음성 비서를 만들면 그것도 인공지능이다. 이렇게 영역이 끝없이 늘어나다 보니, 대중은 인공지능이라면 사람처럼 모든 면에서 똑똑할 것이라고 기대하거나, 반대로 허황된 마케팅 용어라고 폄하하는 경향이 있다. 이런 양극단의 인식은 인공지능이라는 용어가 가진 모호함과 포괄성에서 비롯된다. 이처럼 인공지능이라는 한 단어 아래 다양한 기술과 목적이 뒤섞여 있어, 대중과 연구자 간에, 혹은 연구자들 간에도 많은 갈등과 오해가 생겨나고 있다.

그럼에도 불구하고, 다트머스 회의가 내건 인공지능이라는 깃발 덕분에 학자들은 모여 들었다. 참석한 이들은 훗날 전설적인 연구자로 자리 잡게 된다. 컴퓨터 과학계의 노벨상인 튜링상을 수상하고 MIT 인공지능 연구소를 세운 마빈 민스키, 역시 튜링상을 받으며 리스프(LISP)*라는 혁신적인 프로그래밍 언어를 만든 존 매카시, 정보이론의 대가이자 현대 컴퓨터 과학의 기초를 닦은 클로드 섀넌 등이 대표적이다. 이렇게 올스타들이 모였음에도 이 역사적인 모임은 다소 싱겁게 끝났다. 존 매카시는 훗날 이렇게 회고했다.

"사람들은 다들 자기 생각만 하느라, 제대로 된 교류가 일어나지 않았어요."

실제로 참가자들은 각자의 관점을 고집하느라 깊이 있는 합의점을 찾지 못했다. 게다가 참석자 대부분은 수학, 논리학, 공학 분야의 전문가들이었다. 심리학자는 단 한 명도 없

---

* 리스프는 인공지능 연구를 위해 만들어진 최초의 함수형 프로그래밍 언어로, 간결한 문법과 뛰어난 유연성을 특징으로 가진다.

었고, 이는 인문학적 관점을 제안하는 전문가의 부재를 뜻했다. 이런 구성은 자연스레 이성과 논리를 중시하는 기호주의 학파 탄생으로 이어진다. 마치 감각보다 이성을 중시했던 플라톤 철학처럼 말이다. 플라톤이 기호주의자들을 봤다면 응원했을지도 모른다. 그들이 추구한 완벽한 논리체계야말로 플라톤이 꿈꾸던 이데아의 현대적 구현처럼 보였을 테니까.

기호주의자들의 인공지능은 튜링이 제안한 넓은 의미의 '기계 지능'과는 사뭇 달랐다. 튜링이 1950년 논문에서 기계도 실수하고, 사랑하고, 딸기를 즐길 수 있다며 폭넓은 가능성을 그렸다면, 다트머스의 연구자들은 철저히 논리와 규칙에 집중했다. 이들이 주창한 기호주의는 명확한 규칙과 논리적 추론으로 지능을 구현할 수 있다고 봤다. 경험이나 감각은 부차적인 것으로 여겼다.

이런 접근은 일부 학자들에게 날카로운 비판을 받았다. 휴버트 드레이퍼스(Hubert Dreyfus)와 같은 철학자들은 기호주의가 튜링의 폭넓은 상상력을 규칙이라는 좁은 틀에 가두어 버렸다고 지적했다. "인간의 지능을 단순히 논리적 규칙의 집합으로 환원할 수 있을까?" 이런 의문은 훗날 인공지능이 첫 번째 겨울을 맞이하는 한 원인이 되기도 한다.

하지만 아직 겨울을 논하기는 이른 시점이다. 다트머스 회의의 꽃은 그 이후에 피어났다. 비록 회의 자체는 특별한 성과 없이 끝났지만, 그곳에 참석했던 두 천재는 달랐다. 이들의 도전은 인공지능 역사의 새 장을 열었고, 기호주의 인공지능 역시 날개를 펴기 시작했다. 이들이 써 내려간 흥미진진한 이야기를 이어 가 보자.

논리로 문제를 푸는 기계 등장, 하지만 찾아온 겨울

"인간은 어떻게 생각하는 걸까?"

카네기 멜론 대학(Carnegie Mellon University)의 허버트 사이먼(Herbert Simon)은 늘 이 질문에 매료되어 있었다. 경제학자이자 행정학자로 알려진 그는 사실 학문의 경계를 넘나드는 융합형 천재였다. 그의 관심사는 하나였다. 인간이 어떻게 의사결정을 내리는지, 그 과정을 이해하는 것. 반면 스탠퍼드 대학(Stanford University)에서 물리학을 전공한 앨런 뉴웰(Alan Newell)은 전혀 다른 질문을 품고 있었다.

"컴퓨터가 인간처럼 생각할 수 있을까?"

미국의 대표적 싱크탱크 중 하나인 RAND연구소에서 일하던 그는 체스 및 체커(장기, 체스와 유사한 보드게임)를 두는 프로그램에 대한 아이디어를 내곤 했고, 이는 바로 사이먼의 눈길을 사로잡았다. 20대 후반의 뉴웰과 그보다 10년 연상의 사이먼은 곧 서로의 열정에 공감했고, 인간의 사고방식을 기계로 구현하는 도전을 시작한다. 그리고 이후 약 40년 동안 연구 파트너로 함께한다.

1956년, 이들은 LT(Logic Theorist)라는 프로그램을 개발했다. 다트머스 회의가 열리기 직전, RAND 연구소의 컴퓨터 '존니악(JOHNNIAC)'에서 LT를 실행하는 데 성공한다.

LT는 단순한 계산이 아니라, 수학 난제를 증명할 수 있는 최초의 프로그램이었다. 연구진은 LT가 버트런드 러셀(Bertrand Russell)과 화이트헤드의 《수학 원리(Principia Mathematica)*》속 정리를 스스로 증명하도록 설계했다.

그 결과, 총 52개 정리 중 38개를 증명해 냈고, 그중 한 정리는 책보다 더 간결한 풀이를 제시했다. 수학자들은 경악했다. 컴퓨터가 계산을 넘어 '논리적 증명'까지 수행할 수 있다는 사실이 입증된 것이다.

물론 LT의 작동 원리는 지금 보면 비교적 단순한 '심볼 구조 변환(Symbol Manipulation)'이었다. 숫자, 문자, 연산자를 각각 기호(Symbol)로 정의하고, 이를 특정 공리와 정리에 따라 재배열하는 방식이다. 간단해 보일 수도 있는 이 아이디어는 당시 혁신적이었다. 사이먼과 뉴웰은 인간이 논리적으로 사고하

---

* 러셀과 화이트헤드가 1910년부터 1913년까지 공동 집필한 책으로, 수학의 논리적 기초를 탐구하고 있다. 이 책은 수학의 모든 내용을 논리와 공리(기본적인 가정)만으로 증명하려고 시도했다. 즉, 수학이 얼마나 논리적인지를 보여주고자 했던 중요한 작업이었으며, 철학사에서도 기념비적인 책으로 꼽힌다.

는 과정을 컴퓨터가 그대로 흉내 낼 수 있다고 보았고, LT는 그 가능성을 증명해 낸 첫 상징이었다. 또한 여기서 기호가 지식을 표현하고 조작하는 데 활용되면서, '기호주의'라는 학파의 이름도 나오게 되었다.

LT의 성공에 고무된 두 사람은 더 큰 도전에 나선다. 1957년 GPS(General Problem Solver), 즉 '일반 문제 해결기'라는 야심찬 프로그램을 공개한 것이다. 이름 그대로 모든 종류의 문제를 풀 수 있는 프로그램을 만들겠다는 포부였다. GPS의 작동 방식은 꽤 흥미롭다. 마치 우리가 복잡한 문제를 풀 때처럼, 큰 문제를 작은 문제들로 나누고 하나씩 해결해 가는 방식이었다. 예를 들어, 서울에서 부산까지 가는 문제가 주어진다면, GPS는 '교통수단 선택하기', '경로 찾기', '시간 계산하기'와 같은 작은 문제들로 쪼개서 접근한다. 마치 우리가 여행 계획을 세울 때처럼 말이다.

이 방식은 컴퓨터가 인간처럼 사고한다는 감탄을 불러일으켰고, 재귀(Recursion)나 발견법(Heuristics)과 같은 오늘날 알고리즘 분야에서 중요한 개념들이 그 안에 녹아 있었다. 사이먼과 뉴웰은 다양한 인터뷰와 학술 발표에서 "머지않아 컴퓨터가 인간 지능을 능가할 수 있다"고 자신 있게 말하곤 했다.

1960년대 초중반, 기호주의 AI는 한창 전성기를 구가했다. LT와 GPS의 성공에 고무된 연구자들은 자신감에 넘쳤다.

다트머스 회의에 참여했던 마빈 민스키와 존 매카시 역시 수년 내에 컴퓨터가 인간의 지능을 따라잡을 것이라는 장밋빛 전망을 쏟아 냈다. 1958년 뉴웰과 사이먼은 "규정으로 대회 참가를 막지만 않는다면, 디지털 컴퓨터가 체스 세계 챔피언이 될 것이다"라는 인터뷰를 하였다. 4년 후, 섀넌은 한 TV쇼에서 "나는 10년 내지 15년 안에 SF 영화에 나오는 로봇이 실험실에서 태어날 것이라 확신한다"고 선언했다. 마빈 민스키는 1968년, "30년 안에 인간과 견줄 만한 지능을 가진 기계를 갖게 될 것이 틀림없다"는 예측을 했다. 물론, 이 예측 중 적중한 것은 없다.

하지만 당시에는 최고 석학들의 장밋빛 미래 선언에 정부와 군의 지원도 크게 뒤따랐다. 냉전 시대였던 만큼, 인공지능이 군사적으로나 행정적으로 큰 이점을 줄 것이라 기대했기 때문이다. 자금이 흘러들자 미국과 영국을 비롯한 여러 나라에서 인공지능 연구소가 우후죽순 생겨났다. 언론에서는 머지않아 기계가 인간을 대체할 것이라는 기사들이 넘쳐났다.

그러나 결국 1970년 대 중반 첫 번째 AI 겨울이 찾아온다.

이 모든 기대와 열기는 오래가지 못했다. 기호주의 AI는 치명적인 한계를 드러냈다. 주어진 규칙만으로는 해결 불가능한 예외 상황이 현실에는 너무나 많았고, 조금만 상황이 달라져도 시스템은 엉뚱한 답을 내놓았다. 특히 자연어를 이해하거나 시각이나 음성으로 사물을 인식하는 '감각적 문제'에서 기호주의적 접근 방식은 속수무책이었다. 논리와 규칙에만 의존하는 방식으로는 세상의 복잡다단함을 감당하기 역부족이었던 것이다. 게다가 하드웨어의 한계까지 더해지자 연구비는 끊기기 시작했고, 기호주의자가 바라던 장밋빛 미래는 일단 좌초되고 만다.

물론 사이먼과 뉴웰이 남긴 족적은 결코 작지 않다. LT와 GPS가 보여 준 문제 해결 방식은 이후 컴퓨터 과학의 중요한 토대가 되었다. 앞서 언급한 다양한 알고리즘이 탄생할 수 있는 기반을 닦았으며, 그들은 모두 각자의 분야에서 거목으로 우뚝 섰다. 뉴웰은 튜링상을 수상하였으며, 사이먼은 노벨 경제학상과 튜링상을 함께 수상하는 영광을 안기도 했다.

비록 기호주의자들의 예측은 빗나갔지만, 그들의 도전은 인공지능의 방향을 크게 바꿔 놓았다. 그리고 머지 않아, 잠시 얼어붙었던 인공지능은 곧 새로운 봄을 맞게 된다. 어떻게 겨울을 이겨 냈을까?

데카르트, 이성의 빛을 찾아서

철학의 역사는 무척 복잡하고 미묘하다. 하지만 여기서는 인공지능의 발자취를 더 선명하게 보기 위해, 과감히 단순화를 시도하였다. 바로 '합리론'과 '경험론'이라는 두 개의 큰 줄기로 말이다. 앞서 우리는 합리론의 시초라 할 수 있는 플라톤을 만났다. 하지만 이성을 중시하는 철학자가 플라톤으로 끝난 것은 아니다. 많은 철학자들이 플라톤이 쌓은 토양 위에서 합리론이라는 꽃을 피우고자 하였다. 이 책에서 합리론의 계보를 모두 다룰 수는 없다. 여기서는 이성의 힘을 가장 체계적으로 정리한 거인을 만나 보려 한다.

바로 르네 데카르트다. 수학자이자 철학자, 그리고 과학자였던 그는 인간 이성의 힘을 더욱 철저하게 해부하고, 여기에 체계적인 방법론까지 더했다. '나는 생각한다, 고로 존재한다(Cogito, ergo sum)'라는 유명한 문장을 남긴 데카르트. 그의 철학은 합리론과 기호주의 인공지능을 이어 주는 가교로서 꽤나 흥미로운 역할을 한다.

"모든 것을 의심하라."

17세기 프랑스의 천재 철학자 데카르트가 던진 도발적인 화두다. 그는 우리가 보고 듣고 느끼는 모든 것을 의심해 보자고 제안했다. 멀리 있는 탑이 가까이서 보면 더 크게 보이고, 물속에 넣은 막대기는 휘어 보이듯, 감각은 신뢰할 수 없다는 것이다. 어쩌면 지금 이 순간도 우리는 꿈을 꾸고 있는지도 모른다. 더 나아가 어떤 악마가 우리의 감각을 완벽하게 속이고 있는 것은 아닐까? 이렇게 극단적인 의심을 밀고 나가면 그 끝에 남는 것은 하나다.

"나는 생각한다, 고로 존재한다."

의심의 끝에서 데카르트가 발견한 단 하나의 확실한 진리다. 설령 악마가 나를 속이고 있다 해도, 의심하고 생각하는 '나'의 존재만큼은 부정할 수 없다는 것이다. 이 유명한 문장은 단순히 생각할 수 있으니 존재한다는 것 정도로 치부하기엔 너무나 깊은 의미를 담고 있다. 이는 인간 이성에 대한 데카르트의 강력한 신뢰 선언이었다. 감각은 우리를 속일 수 있지만, 이성만큼은 확실한 토대가 될 수 있다는 믿음이었다.

이렇게 시작된 데카르트의 철학은 인간의 이성을 가장 확실한 도구로 보았다. 그는 모든 지식이 명확하고 분명한(명석판명, clear and distinct) 논리로 재구성되어야 한다고 주장했다. 마치 수학 공식을 풀어 나가듯, 확실한 공리에서 출발해 하나씩 논리를 쌓아 가면 진리에 도달할 수 있다는 것이다. 이런 방법론은 이후 《방법서설》이라는 책으로 정리되어 근대 철학의 이정표가 되며, 그의 사상은 합리론의 중요한 기둥이 된다.

데카르트의 이런 태도는 앞서 우리가 살펴본 기호주의 AI 연구자들의 모습과 묘하게 겹쳐진다. 그들 역시 불확실한 데이터보다는 명확한 규칙을, 애매한 경험보다는 분명한 논리를 선호했다. 허버트 사이먼과 앨런 뉴웰의 LT나 GPS, 그리고 존 매카시의 논리 기반 언어인 리스프와 같은 시도에서 보여 준 것처럼, 명확한 규칙만 있다면 컴퓨터도 인간처럼 사고할 수 있다고 믿었다. 이들의 접근법은 플라톤에서 데카르트로 이어지는 서양철학의 합리론적 전통과 맞닿아 있었다.

사실 데카르트는 말년에 수학뿐 아니라 물리학, 해부학 등 다양한 과학 분야에도 큰 관심을 보였다. 그는 이성의 힘이 닿는 곳이라면 어떤 문제든 해결할 수 있다고 믿었다. 마찬가지로 기호주의 AI 연구자들 역시 논리와 규칙만 있다면 인간의 모든 문제 해결 과정을 기계로 구현할 수 있다고 낙관했다. 허버트 사이먼이 노벨 경제학상을 받은 것은, 경제학에서 인간의 의사결정 모델을 논리적으로 설명하는 과정과, 인공지능에서 기호적 문제 해결 과정을 연결하려 한 그의 노력과 무관하지 않다.

하지만 현실은 그리 녹록지 않았다. 이미 우리는 기호주의 인공지능이 맞이한 첫 번째 겨울을 살펴봤다. 데카르트가 감각은 의심스럽다며 배제했던 세계의 불확실성이, 기호주의에도 동일한 난관으로 돌아온 것이다. 현실 세계는 명확한 규칙만으로는 다룰 수 없을 만큼 복잡했다. 하지만 이것은 끝이 아니었다. 기호주의자들은 곧 새로운 도전을 시작한다. 바로 '전문가 시스템'이라는 이름으로 말이다.

전문가 시스템은 기호주의자의 이상을 산업 현장에서 구현하려는 시도였다. 특정 분야의 전문가들이 가진 지식을 명확한 규칙으로 정리해 컴퓨터에 입력하면, 그 분야의 문제를 해결할 수 있으리라 본 것이다. 이는 데카르트가 꿈꾼 '명석 판명한 지식 체계'의 현대적 부활과도 같았다. 그렇다면 과연 전문가 시스템은 어떤 성과를 거두었을까? 그리고 또다시 한계에 부딪히게 된 이유는 무엇일까?

전문가 시스템의 짧은 봄, 그리고 또 다른 겨울

"컴퓨터가 체스는 둘 줄 알면서, 왜 쇠고기 구울 줄은 모를까?"

1980년대, 인공지능 연구자들을 괴롭혔던 수수께끼 같은 질문이다. 당시 컴퓨터는 복잡한 수학 문제도 풀고, 난해한 체스 게임도 꽤 잘 두었다. 하지만 정작 우리에게 너무나 당연한 '고기를 굽는다'는 행위는 이해하지 못했다. 이런 고민 속에서 기호주의자들은 새로운 방향을 모색하기 시작한다.

1970년대 중반, 혹독한 AI 겨울이 닥쳐오자 연구자들은 방향을 재고해 더 현실적인 목표를 설정했다. 1956년 다트머스 회의 당시에만 해도 인간처럼 생각하는 기계를 만들 것이라는 야심찬 목표가 있었지만, 이제는 좀 더 현실적인 방향으로 선회한 것이다. 당장의 생존을 위해 인공지능 학자들은 '일반 지능'이라는 거대한 목표는 내려놓고 '특수 지식'을 공략하는 것으로 범위를 좁힌다. 그들은 특정 분야에 한해서만큼은 전문가를 따라잡을 수 있는 프로그램을 만들어 보자고 제안했다. 이것이 바로 '전문가 시스템'의 시작이다.

아이디어는 단순했다. 각 분야 전문가들의 지식을 하나하나 규칙으로 정리해서 컴퓨터에 입력한다. 예를 들어 의사가 어떤 증상을 보고 병을 진단하는 과정을 "만약 A라는 증상이 있고, B라는 검사 결과가 나오면, C라는 병일 확률이 높다"는 식의 규칙들로 정리하는 것이다. 이렇게 만든 프로그램이라면 전문가처럼 판단을 내려줄 수 있지 않을까?

이런 발상은 놀라운 성공을 거둔다. 개인용 컴퓨터(PC)의 보급이 본격화된 1980년대 초, 전문가 시스템은 눈부신 활약을 펼쳤다. 특히 리스프나 프롤로그(Prolog) 같은 기호처리 언어가 PC 환경에서 원활하게 돌아가면서, 다양한 전문가 시스템 프로젝트가 탄력을 받았다. 대표적으로 MYCIN이라는 항생제 처방 보조 시스템은 의료계를 깜짝 놀라게 했다. 이 프로그램은 혈액 감염을 진단하고 적절한 항생제 처방을 도왔는데, 실제 검증 결과 전문의만큼이나 정확한 판단을 내렸다. 또 DEC라는 컴퓨터 회사에서는 XCON이라는 시스템을 도입해 컴퓨터 부품 구성을 자동화했다. 이외에도 신용평가나 석유 시추 정보 분석 등 각종 분야에 지식을 집어넣은 소프트웨어가 등장했다.

1980년대 초반, 전문가 시스템은 마치 마법처럼 여겨졌다. 기업들은 앞다투어 이 기술을 도입했고 투자금이 쏟아졌다. 드디어 인공지능이 산업 현장을 혁신할 것이라는 기대감이 퍼졌다. 그렇게 인공지능의 겨울이 끝나고 마침내 봄이 왔다. 기호주의는 봄의 기운을 받으며 활짝 꽃을 피웠다.

하지만 곧 한계가 드러났다. 가장 큰 문제는 '상식(Common Sense)'이었다. 우리에겐 너무나 당연한 일들을 컴퓨터에게 설명하려면 끝없이 많은 규칙이 필요했다. 사람은 직관적으로 이해하는 '중불로 볶는다'는 간단한 표현조차도, 컴퓨터가 이해하려면 불의 세기, 팬의 온도, 재료를 젓는 빈도 등 수많은 규칙이 필요했다. 이 문제를 통칭해서 '상식의 역설(Paradox of Common Sense)'이라 부른다. 우리는 너무 당연하게 여기는 상식을 일일이 규칙화하기 어렵다는 뜻이다.

더 큰 문제는 예외 상황 처리였다. MYCIN이 실험실에선 잘 작동했지만 실제 병원에서는 제대로 활용되지 못한 이유가 여기 있다. 환자마다 증상이 조금씩 다르고, 예상치 못한 상황이 계속 발생하는데, 이 모든 경우의 수를 규칙으로 만들어 넣는 건 불가능했다.

결국 기호주의 진영의 전문가 시스템은, 협소한 영역에서 뛰어난 성능을 낼 수는 있지만, 일반적 환경에서 회복탄력적으로 작동하기엔 역부족임이 드러났다. 예측 불가능한 상황이 발생하면, 시스템이 제대로 대응하지 못하는 일이 잦았다.

이런 한계는 결국 두 번째 AI의 겨울을 불러왔다. 1980년대 후반부터 전문가 시스템에 대한 실망이 퍼지며 투자는 급격히 줄었고, 다수 프로젝트는 중단되었다. 기호주의자들이 꿈꾸던 규칙만으로 지능을 만들 수 있다는 이상은 다시 한번 현실의 벽에 부딪혔다. 명시적 규칙이 강력하긴 했지만, 인간이 가진 막대한 상식과 예외적 상황을 처리하기에는 역부족이었던 것이다.

돌이켜보면 전문가 시스템의 성과와 한계는 꽤 아이러니하다. 매우 좁은 영역에서는 전문가 수준의 판단을 내릴 수 있었지만, 조금만 범위를 벗어나면 무력해졌다. 마치 체스는 잘 두는데 쇠고기는 굽지 못하는 것처럼 말이다. 인간의 지식과 경험을 완벽하게 규칙으로 옮기는 건, 데카르트가 꿈꾸었던 명석판명의 진리 체계만큼이나 달성하기 어려운 목표였다.

하지만 인공지능의 역사는 여기서 멈추지 않는다. 두 번의 겨울을 겪으며 연구자들은 새로운 길을 다시 모색한다. 규칙과 논리가 아닌, 데이터와 경험을 통해 배우는 방식. 그것이 바로 우리가 다음 챕터에서 만나 볼 '연결주의'이다.

경험론과 연결주의
(Connectionist AI)

아리스토텔레스와 연결주의의 만남

"감각이야말로 진리의 출발점이다."

스승 플라톤이 이성을 통한 진리 추구를 강조했다면, 제자 아리스토텔레스는 정반대 방향을 제시한다. 우리가 감각하고 경험하는 이 현실 세계가 지식의 근원이라는 것이다. 그의 경험론적 태도는 놀랍게도 오늘날 인공지능의 한 축인 연결주의와 맞닿아 있다.

아리스토텔레스가 보기에 인식은 감각에서 시작된다. 우리는 눈으로 보고, 귀로 듣고, 손으로 만지면서 세상을 이해해 간다. 이런 감각적 경험이 쌓이고 쌓여 마침내 지식이 된다. 이는 스승 플라톤의 태도와는 정반대였다. 플라톤이 동굴의 비유를 통해 우리가 보는 것은 그림자일 뿐이라며 감각을 불신했다면, 아리스토텔레스는 그 그림자야말로 우리 인식의 시작이라고 주장했다.

특히 주목할 점은 접근법이다. 그는 여러 관찰과 경험을 모아 일반적인 원리를 찾아내는 방식을 취했다. 하나의 대상을 제대로 이해하려면 눈으로 보고, 손으로 만지고, 때로는 직접 실험도 해 봐야 한다고 믿었다.

"백조는 모두 하얗다"라는 결론을 내리는 과정을 생각해 보자. 연역법이라면 "모든 백조는 하얀색이다. 이 새는 백조다. 그러므로 이 새는 하얗다"는 식으로 기존 규칙에서 결론을 이끌어 낸다. 하지만 아리스토텔레스가 강조한 귀납법은 정반대다. 여기저기서 만난 첫 번째 백조도 하얗고, 두 번째도 하얗고, 그다음에 본 백조도 하얗다면 우리는 자연스레 모든 백조가 하얗다고 결론짓게 된다. 실제로 호주에서 검은 백조가 발견되기 전까지 유럽인들은 이런 식으로 백조의 색을 하얀색이라 단정 지었다.

이런 아리스토텔레스의 관점은 훗날 베이컨과 로크, 흄으로 이어지는 영국 경험론의 뿌리가 된다. 그리고 놀랍게도 이 경험론적 전통이 현대 인공지능의 한 축인 연결주의와 유사한 면이 있다.

연결주의자들은 앞서 본 기호주의자들과 달리 "명확한 규칙만으로는 지능이 생기지 않는다"고 보았다. 대신 방대한 데이터를 학습하면서 기계가 스스로 규칙을 찾아가는 방식을 택했다. 고양이와 강아지 사진 수천 장을 학습한 인공지능은 귀납적으로 고양이와 강아지를 구분하는 특징의 패턴을 찾아낸다. 미리 정해진 규칙이 아니라, 수많은 관찰과 경험을 통해 스스로 규칙을 발견하는 것이다. 아리스토텔레스가 강조했던 귀납적 접근이 2,000년이 지난 지금, 인공지능의 학습 방식으로 부활했다.

챗GPT 같은 현대의 거대 언어 모델들은 명시적인 규칙 없이 수천억 개의 단어를 학습하며 언어의 패턴을 스스로 찾아낸다. 마치 아이가 언어를 배우듯이 말이다.

아리스토텔레스 역시 인간의 감각은 불완전할 수 있다고 봤다. 하지만, 그 불완전함을 보완하는 것은 이성만이 아니라 끊임없는 반복과 축적이다. 여러 번 보고, 듣고, 만져 보고, 실험하면서 새로운 지식을 쌓아 간다. 연결주의자들 역시 마찬가지로 한두 번의 규칙 입력으로는 지능이 생기지 않는다고 본다. 대신 방대한 양의 이미지, 음성, 텍스트 등의 데이터를 여러 번 학습해야 비로소 의미 있는 패턴을 얻어 낸다. 이것이 인공지능에서 경험론적 전통이 재등장했다고 볼 만한 이유다. 감각 데이터로부터 귀납적 추론을 이끌어 내는 시스템이 바로 신경망이니까.

서양철학은 플라톤과 아리스토텔레스에서 본격적으로 갈라진다. 플라톤이 감각을 철저히 의심한 반면, 아리스토텔레스는 감각에서 출발하는 경험을 받아들였다. 이것이 훗날 합리론과 경험론을 나누는 계기가 된다.

인공지능 연구도 철학사와 마찬가지로 두 개의 흐름으로 나뉘었다. 한쪽에서는 논리와 규칙을 통해 사고하는 방식(기호주의, 플라톤적 접근)을 택했고, 다른 한쪽에서는 데이터와 경험을 통해 학습하는 방식(연결주의, 아리스토텔레스적 접근)을 따랐다. 한쪽은 명확한 규칙을, 다른 쪽은 풍부한 경험을 중시했다. 그리고 지금 우리는 연결주의가 만들어 낸 놀라운 성과들을 목격하고 있다. 마치 아리스토텔레스가 경험의 중요성을 강조했던 것처럼, 인공지능 역시 데이터를 통한 학습이 얼마나 강력한지를 증명하고 있다.

이제 우리는 이 경험론적 전통이 어떻게 현대 인공지능의 한 축을 이루게 되었는지 자세히 살펴보겠다. 신경망이라는 아이디어를 처음 제시한 워렌 맥컬럭(Warren McCulloch)과 월터 피츠(Waler Pitts), 그리고 이를 발전시킨 프랭크 로젠블랫의 이야기가 우리를 기다리고 있다. 영화보다 더 영화같은 그들의 도전이 어떻게 오늘날의 딥러닝으로 이어졌는지, 그 흥미진진한 여정을 따라가 보자.

인공 신경망의 시작, 맥컬럭과 피츠

역사에는 종종 우연이, 때로는 비극이 큰 영향을 미친다. 인공지능의 역사 역시 마찬가지다. 신경망의 시초를 말할 때면 빼놓을 수 없는 영화 같은 이야기가 있다. 디트로이트 빈민가에서 태어나 정규 교육조차 받지 못했지만 천재성을 보인 한 소년. 그리고 그의 잠재력을 발견한 대학자. 이들의 만남은 훗날 딥러닝이라는 거대한 나무로 결실을 맺는다. (부록 참조)

1923년 미국 디트로이트. 열악한 가정환경 속에서 태어난 월터 피츠는 학교조차 제대로 다니지 못했다. 하지만 그는 독학으로 여러 언어를 익혔고, 특히 수학과 논리학에서 놀라운 재능을 보였다. 열두 살 때는 러셀의 《수학 원리》에서 오류를 찾아내 직접 편지를 보냈다. 소년의 편지에 감격한 러셀은 피츠를 케임브리지로 초대하고 싶어 했다. 하지만 미성년자라는 현실의 벽 앞에서 이 기회는 무산되고 만다.

결국 열다섯 살의 피츠는 가출을 선택했다. 시카고로 흘러들어간 그는 시카고 대학(University of Chicago) 건물과 도서관을 배회하며 독학을 이어간다. 어디에도 적을 두지 못하고 청소와 허드렛일을 하던 그에게 운명 같은 만남이 찾아온다. 한 의대생이 그의 천재성을 알아보고 친구가 된 것. 이 인연으로 그는 워렌 맥컬럭이라는 정신의학자를 소개받게 된다. (부록 참조)

이 만남은 극적인 반전을 가져온다. 미국 동부 엘리트 가문 출신으로 의학과 신경생리학을 공부한 맥컬럭은, 떠돌이 천재 소년의 가능성을 단번에 알아봤다. 맥컬럭의 집에 피츠를 들이고 연구를 지원하기로 한 결정은, 신경망 연구의 새로운 장을 열게 된다. 디트로이트 빈민가 출신 소년과 시카고 대학 교수. 전혀 다른 배경의 두 사람이 만나 혁신적인 아이디어를 만들어 낸 것이다.

둘은 신경학과 논리학의 접점을 찾아갔다. 어쩌면 제도권 교육을 받지 못했던 피츠기에 더 자유로운 상상력을 발휘했을지도 모른다. 그 둘을 두고 스승과 제자라기보다는 나이 차가 많은 연구 동반자에 가까웠다는 평가가 이를 잘 보여준다. 1943년, 이들은 마침내 역사에 남을 논문을 발표한다. 〈신경 활동에 내재된 생각의 논리적 계산(A Logical Calculus of the Ideas Immanent in Nervous Activity)〉이라는 도발적인 제목의 이 논문은, 뇌의 작동 방식을 논리적으로 설명하려 시도했다.

당시까지만 해도 뇌의 작동 방식을 해석하는 것은 쉽지 않았다. 물론 지금도 쉽지 않지만 말이다. 19세기 말부터 뉴런 이론이 확립되긴 했지만, 뇌를 '이진법 계산기'로 보는 관점은 없었다. 맥컬럭과 피츠는 대담한 가설을 제시했다. 우리 뇌 속의 뉴런이 마치 전구처럼 켜지거나 꺼지는 두 가지 상태만 가진다는 것이다. 더 놀라운 점은 단순히 껐다가 켜는 것만으로도 복잡한 논리적 판단이 가능하다고 그들은 생각했다.

예를 들어 보자. 우리가 "비가 오고 바람이 불 때" 우비를 입는다고 하자. '비'와 '바람'이라는 조건이 모두 만족하면 우비를 입는다는 결정을 내린다. 이것이 바로 'AND'다. 맥컬럭과 피츠는 뉴런도 이런 식으로 작동할 수 있다고 봤다. 뉴런이 반응하는 기준값을 2로 설정하면, 두 개의 신호가 동시에 들어왔을 때만 반응하게 된다. 비와 바람이라는 조건이 모두 만족했을 때 우비를 입는 것처럼 말이다.

반대로 "비가 오거나 바람이 불 때" 외출을 미룬다고 해 보자. 이때는 둘 중 하나만 해당해도 외출을 미룬다. 이런 경우가 'OR'이다. 뉴런의 기준값을 1로 설정하면, 하나의 신호만 들어와도 반응하니 OR처럼 작동한다. 'NOT'은 더 단순하다. "비가 오지 않을 때" 산책을 간다처럼, 어떤 조건이 없을 때 반응하는 경우다. 뉴런도 특정 신호가 없을 때 오히려 활성화되도록 만들 수 있다고 본 것이다.

이렇게 신호의 켜짐과 꺼짐만으로도 인간의 사고 과정을 흉내낼 수 있다는 발상은 혁명적이었다. 단순해 보이는 이 아이디어가 가져온 파장은 엄청났다. 앞서 살펴본 기호주의가 명시적 규칙을 강조했다면, 맥컬럭과 피츠는 뇌의 물리적 구조를 모방하는 길을 제시했다. 더 놀라운 건 이들의 제안이 기호주의자들의 그것보다 10년 이상 더 빨랐다. 데이터가 들어오면 뉴런들이 차례로 발화하며 결론에 이른다는 이 방식은, 마치 아리스토텔레스가 강조했던 경험론적 접근과도 맞닿아 있었다. "인간의 뇌를 모방해 보자"는 야심찬 시도가 이 논문에서 시작된 셈이다.

이듬해, 피츠는 또 다른 천재를 만나게 된다. 수학, 공학, 생물학을 아우르는 노버트 위너(Nobert Wiener)였다. 위너는 사이버네틱스(Cybernetics)라는 새로운 학문 분야를 개척하고 있었다. 기계와 유기체가 어떻게 정보를 주고받으며 피드백을 통해 제어되는지를 연구하던 그였다. 맥컬럭과 피츠, 그리고 위너. 이 세명의 만남은 신경망 연구에 날개를 달아 줄 것만 같았다. 사이버네틱스와 신경망의 융합이라는 꿈이 시작하려던 찰나였다.

피츠의 이야기는 여기서 더 극적인 국면을 맞이한다. 1951년, MIT는 정규 교육을 받지 못한 피츠의 천재성을 인정해 박사학위를 수여하겠다는 파격적인 제안을 한다. 당시 그는 포춘지가 선정한 '주목할 만한 40세 이하 과학자 20인*'에 오를 정도로 명성을 얻고 있었다. 하지만 피츠는 박사학위 제안을 거절한다. 그리고 점차 은둔의 길로 접어든다. 천재 소년에서 촉망받는 과학자로, 다시 고독한 은둔자로 이어진 그의 극적인 삶에는 두 개의 큰 균열이 있었다.

---

* 여기에는 훗날 다트머스 회의에 참여하는 클로드 섀넌, DNA 구조를 발견한 제임스 왓슨 등 쟁쟁한 과학자들이 이름을 올렸다.

첫 번째 균열은 1951년 노버트 위너의 갑작스러운 절교 선언이었다. 1943년부터 약 10년간 맥컬럭, 피츠, 위너는 사이버네틱스와 기계 지능이라는 새로운 영역을 함께 개척해왔다. MIT에 새로운 연구소를 설립하기까지 했지만, 위너는 돌연 이들과의 결별을 선언한다. 더 충격적인 것은 위너가 이유조차 밝히지 않은 채 두 사람과 다시는 말을 섞지 않았다는 점이다. 당시 학계에는 이들의 결별에 대한 다양한 추측이 떠돌았지만 정확한 이유는 끝내 밝혀지지 않았다. 한가지 확실한 건 이 '학문적 이혼'은 불안정했던 피츠의 정신을 크게 흔들어 놓았다. 맥컬럭과 피츠, 그리고 위너의 결별은 당시 한창 꽃피우던 학문 분야 전체의 지형도를 바꾸었다. 이로 인해 사이버네틱스와 기계 지능 분야는 급속히 분열되기 시작했고, 인공지능 발전의 방향 자체가 크게 틀어졌다.

두 번째 균열은 1959년에 찾아온다. 개구리 뇌를 연구하던 중 실험 결과가 자신의 이전 연구와 상충되자, 피츠는 극단적인 선택을 한다. 자신의 모든 논문과 연구 노트를 불태워 버린 것이다. 이후 그는 완전히 달라졌다. 알코올 중독과 대인기피증에 시달리다 결국 1969년, 46세의 나이로 쓸쓸히 생을 마감한다. 피츠가 떠나고 4개월 뒤, 70세의 맥컬럭도 심장 질환으로 세상을 떠났다.

신경망의 씨앗을 뿌린 두 사람이 같은 해에 눈을 감았다.

하지만 이들의 유산은 사라지지 않았다. 오히려 시간이 흐를수록 그 빛이 더욱 강렬해지고 있다. 마치 뒤늦게 싹을 틔운 씨앗처럼, 맥컬럭과 피츠가 제시한 신경망의 개념은 오늘날 인공지능의 새로운 지평을 열어 가고 있다.

여기에 앞서 살펴본 바와 같이 1956년, 존 매카시가 다트머스에서 '인공지능'이라는 새로운 이름을 내걸며 또 다른 길을 열게 된다. 하지만 매카시와 민스키를 필두로 한 기호주의자가 제시한 방향은 이전 선구자들의 폭넓은 시야와는 달랐다. 신경학과 같은 다른 분야와의 교류 대신, 그들은 소프트웨어 중심의 공학적 접근만을 강조했다. 일부 학자들은 이때 벌어진 단절이 인공지능과 신경생리학의 접목을 크게 지연시켰다고 보고 있다.

1930년대 후반부터 1950년대 초반까지는 학문 간 경계를 넘나드는 풍성한 교류가 있었다. 하지만 피츠와 위너의 결별, 기호주의 학자들이 만든 새로운 흐름이 겹치며 이런 교류는 점차 사라졌다. 컴퓨터 공학자들은 인간 추론에 대한 피상적 이해를 바탕으로 인공지능 개발에 매달렸고, 다른 한편에서는 신경망을 연구하는 학자들이 자신들만의 길을 걸었다.

다행히도 신경망 진영에서는 곧 '퍼셉트론'이라는 혁신적인 모델이 탄생한다. 이 획기적인 발명품은 한때 신경망 진영의 승리를 예고하는 듯했다. 하지만 그들 앞에도 예기치 못한 시련이 기다리고 있었다. 퍼셉트론의 등장과 그 파란만장한 이야기를 살펴보도록 하자.

로젠블랫의 퍼셉트론, 연결주의에 날개를 달다

1950년대 중반, 미국 코넬 항공 연구소의 젊은 연구원 프랭크 로젠블랫은 뇌의 인지 메커니즘을 모방한 기계를 만들고자 하는 열망을 품고 있었다. 앞서 맥컬럭과 피츠가 뉴런의 작동 원리를 전기 회로로 구현할 수 있다는 아이디어를 제시했지만, 실제로 그걸 기계로 만드는 건 전혀 다른 문제였다. 당시 주류였던 기호주의자들이 규칙을 일일이 입력하는 방식을 고집하는 동안, 로젠블랫은 완전히 다른 길을 찾아 나섰다. 아리스토텔레스가 감각이야말로 진리의 출발점이라 주장했듯, 그는 기계도 경험을 통해 스스로 배울 수 있다고 믿었다.

그렇게 탄생한 것이 바로 '퍼셉트론'이다. 1957년 무렵, 그는 IBM 컴퓨터로 초기 퍼셉트론의 시뮬레이션을 시도했고, 곧이어 '마크 1 퍼셉트론(Mark I Perceptron)'이라는 전자 회로 형태의 하드웨어 버전까지 만들었다. 단순하지만 혁신적인 이 기계는 사진 같은 입력값을 받아들여 스스로 판단을 내린다. 데이터가 입력되면, 각각의 입력값에 가중치(Weight)를 곱해 더한 다음, 결괏값이 특정 임곗값을 넘어가면 '1', 넘지 못하면

'0'을 출력한다. 마치 우리가 고양이와 강아지를 구분하듯, 기계도 이미지를 보고 "이건 강아지에 가깝군" 하고 선택하는 식이다.

퍼셉트론의 혁신성은 틀린 답을 낼 때마다 가중치를 조금씩 조정하며 스스로 성능을 개선하는 학습 방식에 있었다. 로젠블랫은 이 모델을 두고 "인간의 개입 없이, 기계가 경험을 통해 스스로 지식을 쌓을 수 있다"고 주장했다.

1958년 7월, 로젠블랫의 연구에 자금을 지원하던 미 해군 연구부는 퍼셉트론을 언론에 공개하는 시연회를 열었다. 거대한 진공관 컴퓨터인 IBM 704에 펀치카드 수십 장을 학습시킨 결과, 단 50번의 반복 학습만에 왼쪽 표시와 오른쪽 표시가 된 카드를 스스로 구분해 내는 능력을 보였다. 이 혁신적인 기계가 세상에 모습을 드러내자, 언론은 열광했다. "전자두뇌의 태아가 탄생했다"는 식의 과장된 헤드라인이 지면을 장식했고, 곧 기계가 걷고, 말하고, 번역까지 할 것이라는 낙관적 전망이 쏟아졌다. 인공지능이 인간처럼 되리라는 기대는 이미 앨런 튜링의 시대부터 있었지만, 그 가능성을 학습하는 '기계'의 형태로 직접 보여 준 사례는 퍼셉트론이 처음이었다.

군과 정부 기관들도 신경망에 큰 관심을 보였다. 만약 기계가 비행기나 선박을 자동으로 식별해 낼 수 있다면, 군사적 가치는 엄청날 테니 말이다. 실제로 항공 사진에서 특정 물체를 찾아내는 실험이 이뤄졌고, 군과 기업은 신경망 기술이 현장에 곧 적용될 것이라는 기대를 품었다. 자금이 몰리면서 코넬 대학 연구실은 활기를 띠었고, 로젠블랫은 촉망받는 젊은 석학으로 떠올랐다.

하지만, 모든 혁신이 그렇듯, 퍼셉트론 역시 날 선 비판을 피해 갈 수 없었다. 앞서 살펴봤던 MIT의 마빈 민스키가 그 선봉에 섰다. 흥미롭게도 민스키와 로젠블랫은 같은 1920년대생으로, 고등학교 동문이자 일종의 학문적 라이벌 관계였다. 더 흥미로운 점은 민스키 역시 1950년대 초반에는 초기 신경망 모델을 만드는 등 신경망 연구에 관심을 가졌던 사람이라는 사실이다. 하지만, 논리적이고 기호적인 방법론에 집중하며 신경망에 대해서는 점점 회의론자가 되었다. 로젠블랫은 자신에게 끊임없이 반대 의견을 제시하는 민스키를 가리켜 '충실한 반대자(The loyal opposition)'라 부르며 일종의 선의의 경쟁 상대로 인식했다고 한다. 실제로 1960년대 여러 학술회의에서 두 사람은 퍼셉트론의 가능성과 한계를 놓고 공개적으로 열띤 토론을 벌였으며, 그 모습을 지켜보던 동료 연구자들은 두 석학의 설전을 경이롭게 바라보았다고 전해진다.

두 사람, 더 넓게 보면 두 학파의 학문적 대립은 1969년, 민스키의 결정적 한 수로 한쪽으로 기울게 된다. 그해 민스키는 수학자인 시모어 페퍼트(Seymour Papert)와 함께 《퍼셉트론

(Perceptrons)》을 출간하여 로젠블랫의 이론에 대한 종합적인 비판을 제기했다. 이 책에서 민스키와 페퍼트는 퍼셉트론의 단층 신경망 구조가 지닌 근본적인 한계를 수학적으로 증명해 냈다. XOR(배타적 논리합)*처럼 선형 분리가 안 되는 문제에 대해, 퍼셉트론은 아무리 가중치를 수정해도 학습할 수 없다는 사실을 밝혀 낸 것이다. (부록 참조)

민스키의 비판을 두고 학계에선 의견이 나뉜다. 퍼셉트론에 대한 과도한 기대를 진정시키기 위한 정당한 견제였다는 견해와 지나치게 가혹했다는 평가가 공존한다. 민스키는 훗날 퍼셉트론을 연구의 대척점으로 여기지 않았다고 밝힌 바 있지만, 민스키와 페퍼트는 《퍼셉트론》 초판 원고를 출판 전부터 학계에 돌리며 퍼셉트론 연구에 대한 부정적 여론을 형성하였다. 이는 그들이 퍼셉트론을 비판하는 데 다소 감정적인 어조까지 담았음을 시사한다.

민스키의 책은 결정적이었다. 책이 출간되자 보수적인 투자자들과 연구 자금 배분 기관들은 회의적으로 돌아섰다. 신경망 연구의 맥이 끊기는 순간이다. 이 시기를 전후해 기호주의자들의 인공지능 역시 한계를 드러내며, 결국 인공지능은 이 시기를 전후해 첫 번째 겨울을 맞이하게 된다.

---

* XOR은 두 입력값이 서로 다를 때만 참(True)이 되고, 같으면 거짓(False)이 되는 논리 연산이다. 즉, 둘 중 하나만 맞아야 통과하는 조건이다.

사실 로젠블랫 자신도 이 한계를 인식하고 있었고, 언젠가는 여러 층을 쌓아 복잡한 문제를 해결할 수 있으리라 전망했다. 실제로 그는 훗날 딥러닝의 이론적 배경인 피드백 연결과 여러 은닉층과 같은 확장 모델을 이미 구상하고 있었다. 하지만 운명은 그에게 이 혹독한 시기에 반박할 시간적 여유를 주지 않았다. 1971년 7월 11일, 그의 43번째 생일에 로젠블랫은 미 동부 체사피크만에서 요트가 전복되는 사고로 세상을 떠나고 만다. 채 40대 중반도 되지 않은 나이에 찾아온 비극적 죽음은 그의 주변 인물들과 학계에 큰 충격을 주었다.

하지만 역사는 종종 뒤늦게 웃어 준다. 1980년대 중반, '역전파 알고리즘(Back Propagation)'이라는 혁신적 알고리즘이 등장하며, 신경망을 여러 겹 쌓는 다층 퍼셉트론은 부활한다. (부록 참조) XOR 같은 문제도 여러 개의 신경망을 쌓으면 해결 가능하다는 사실이 밝혀진 것이다. 이제 우리가 매일 마주하는 딥러닝 기술은, 로젠블랫의 퍼셉트론을 수백, 수천 개씩 겹겹이 쌓아 올린 구조다.

딥러닝 혁명이 일어나면서, 퍼셉트론은 재평가되었고 로젠블랫의 공로도 재조명되었다. 생전에는 끝내 학계 주류의 인정을 받지 못했지만, 이후 그의 이름은 인공지능의 선구자 중 한 명으로 당당히 기록되었다. 전기 전자공학 전문가들의 조직인 IEEE(Institute of Electrical and Electronics Engineers)는 그의 업적을 기려 2004년부터 프랭크 로젠블랫상을 제정하여 매년 신경망 및 컴퓨터 지능 분야에서 뛰어난 업적을 시상하고 있으며, 로젠블랫이 만든 마크 1 퍼셉트론 기계는 현재 미국 워싱턴 D.C.의 스미스소니언 국립 미국사 박물관에 소장되어 역사적 유물로 전시되고 있다.

 로젠블랫의 퍼셉트론은 완성된 기술이 아니었다. 하지만 인공지능 역사에서 '경험을 통해 스스로 배우는 기계'라는 패러다임을 명확히 보여 준 이정표였다. 기호주의자들이 논리와 규칙으로 문제를 해결하려고 할 때, 그는 현실에서 관찰되는 방대한 정보야말로 진짜 단서라고 강조했다. 다시 말해, 추상화된 기호를 쌓아 올리는 대신, 감각과 경험을 통해 기계가 스스로 규칙을 찾아내야 한다는 것이다. 이 점에서, 퍼셉트론은 아리스토텔레스가 주장한 감각에서 출발하는 귀납적 사고를 떠올리게 만든다.

 짧은 생을 살다 간 그는 자신이 심은 씨앗이 이토록 크게 자랄 줄 몰랐을 것이다. 하지만 그가 보여 준 '경험을 통해 배우는 기계'라는 아이디어는 죽지 않고 살아남았다. 곧 우리는 신경망의 긴 겨울을 끝내고 다시 봄을 가져온 연구자들을 만나 보게 될 것이다. 하지만 그 전에, 신경망의 경험주의적 전통과 맞닿아 있는 또 한 명의 위대한 철학자이자 과학자를 잠시 만나 보자.

베이컨의 철학과 신경망

만 4세인 우리 집 아들은 자연주의 철학을 이야기할 때 언급한 것처럼 밤을 싫어한다. 그래서 늘 밤에는 조명을 켠다. 그러던 어느 날 창밖을 보더니 건너편 건물의 불빛이 반짝이는 걸 발견하고는 다음과 같은 가설을 세웠다

"아빠! 깜깜할 때 반짝반짝 불빛이 보여. 불빛은 깜깜할 때만 나오는 건가 봐!"

17세기의 위대한 철학자 프랜시스 베이컨(Francis Bacon)이 이 모습을 본다면 무척 흐뭇해했을 것이다. 관찰하고, 데이터를 모으고, 가설을 검증하는 이 과정이야말로 그가 주창한 '귀납법'의 완벽한 예시이기 때문이다. 마녀가 화형당하고 미신이 판치던 그 시절, 베이컨은 이렇게 관찰과 실험을 통한 지식의 발견을 강조했다.

물론 경험론 철학자는 많다. 그중 프랜시스 베이컨을 선택한 이유는 그가 제시한 방법론이 오늘날 딥러닝 방식과 놀라울 정도로 닮아 있기 때문이다. 다른 경험론자들이 '경험이 중요하다'는 큰 틀의 주장을 펼쳤다면, 베이컨은 한 걸음 더 나아가 구체적인 방법론을 제시했다. "관찰-가설 설정-실험-수정"이라는 그의 방법론은 마치 오늘날 신경망이 데이터를 입력받고, 가중치를 조정하고, 오차를 수정하는 과정과 정확히 일치한다. 존 로크(John Locke)가 인간의 마음이 백지상태

(Tabula rasa)에서 시작한다고 주장했다면, 베이컨은 그 백지에 어떻게 써 나가야 할지 구체적인 길을 보여 준 셈이다.

베이컨은 "지식은 힘이다"라는 말을 남기며, 경험과 관찰에 기초한 새로운 지식 체계를 제안했다. 감각은 불완전할 수 있지만, 끊임없는 관찰과 실험을 통해 진리에 다가갈 수 있다고 믿었다. 런던 영국 학술원의 문 위에는 아직도 그의 정신을 담은 문구가 새겨져 있다. "누구의 말도 그대로 믿지 말라(Nullius in verba)." 성경이나 아리스토텔레스의 말을 맹목적으로 따르지 말고, 직접 관찰하고 실험하라는 뜻이다. 또한 베이컨은 경험과 관찰을 통해 진리를 찾는 체계적인 길을 제시했다. 이 길은 오늘날 딥러닝이 걷고 있는 여정과 놀랍도록 닮아있다.

베이컨은 철학자이자 과학자이다. 그의 방법론은 과학에서도 그대로 통용된다. 여기서 그의 또 위대한 점을 하나 더 발견할 수 있다. 그는 망원경, 현미경, 기압계와 같이 당시 새롭게 등장한 관찰 도구를 강조했다. 이런 도구들이 더 정확한 관찰과 실험을 가능케 한다고 믿었기 때문이다. 마찬가지로 현대의 신경망도 GPU와 빅데이터라는 도구를 통해 더 깊이 경험하고 학습한다. 더 많은 양질의 데이터를 학습할수록, 인공지능의 성능은 눈에 띄게 향상되었다. 이는 베이컨이 주장한 "경험이 모든 지식의 근원이다"라는 철학과 정확히 일치한다.

오늘날 우리가 매일 마주하는 챗GPT 같은 현대 딥러닝 모델은 어떨까? 이들은 수백만 개의 뉴런을 통해 수천억 개의 단어를 경험하며 언어의 패턴을 찾아낸다. 문법 규칙을 일일이 입력받는 대신, 베이컨이 강조한 것처럼 관찰과 경험을 통해 스스로 규칙을 발견한다. 물론 실수도 하고 할루시네이션 증상도 보인다. 하지만, 이는 오히려 더 많은 관찰과 실험이 필요하다는 신호로 볼 수 있다.

"진리는 실수에서 나오지만, 혼돈에서는 결코 나오지 않는다." 베이컨의 이 말은 오늘날 딥러닝의 발전 과정과 묘하게 겹친다. 신경망은 실수를 통해 배우고, 점진적으로 발전한다. 하지만 그 과정은 결코 무질서하지 않다. 체계적인 학습과 검증을 거치며, 마치 베이컨의 과학적 방법론처럼 한 걸음씩 진리에 다가간다.

결국 베이컨의 철학과 현대 딥러닝은 '경험을 통한 학습'이라는 공통 분모를 가진다. 관찰하고, 데이터를 모으고, 실험하고, 개선하는 과정. 이것이야말로 인간과 기계 모두에게 진정한 발전의 길임을 베이컨은 이미 오래전에 알고 있었는지도 모른다. 인공지능이 발전해 나가는 그 뿌리에는 분명 베이컨이 뿌린 경험주의의 씨앗이 자리 잡고 있을 것이다. 이제 베이컨으로부터 영향을 받았을지도 모르는 딥러닝의 탄생 과정을 살펴보러 가자.

딥러닝의 시대, 그리고 제프리 힌턴의 등장

대부(Godfather)라는 말은 영화 탓에 마피아를 떠올리게 하지만, 본래 어떤 분야의 정신적 지주를 뜻하기도 한다. 인공지능 분야에도 대부가 있다. 바로 제프리 힌턴이다.

앞서 우리는 기호주의와 연결주의의 대결을 지켜봤다. 한쪽에서는 명확한 규칙을 외쳤고, 다른 한쪽에서는 경험으로 맞섰다. 오랫동안 기호주의가 우세했지만, 지금은 그야말로 연결주의가 평정했다고 해도 과언이 아니다. 기호주의자가 전문가 시스템으로 잘나가는 동안, 신경망 연구자들은 빈약한 하드웨어와 한정된 자금, 그리고 냉담한 시선 속에서 긴 겨울을 견뎌야 했다. 그럼에도 불구하고, 조금씩 끊이지 않고 이어지던 연구는 마침내 커다란 봄을 맞이한다. 그리고 그 한복판에는 제프리 힌턴이라는 이름이 있었다. 그의 이야기는 단순 성공담이 아니다. 이성과 경험을 둘러싼 오랜 철학적 논쟁이, 현대 기술의 혁명으로 이어지는 과정이기도 하다.

1947년 영국 런던에서 태어난 제프리 힌턴은 어릴 때부터 수학과 과학에 둘러싸인 환경에서 성장했다.* 그의 가족은 과학자들이 많았고, 자연스럽게 학문적 탐구에 몰두하게 되

---

* 제프리 힌턴은 불 대수(Boolean algebra)의 창시자 조지 부울(George Boole)의 후손이며, 에베레스트산이라는 이름을 남긴 지리학자이자 탐험가 조지 에베레스트(George Everest)와도 혈연관계였다.

었다. 곤충학자였던 아버지 하워드 힌턴(Howard Hinton)도 과학자 정신을 아들에게 자연스럽게 물려줬다.

수학과 물리학, 생물학, 심리학 등 분야를 가리지 않고 파고들던 소년 힌턴은, 케임브리지 대학에 진학해서도 그 열정이 식지 않았다. 오히려 전공을 여러 차례 바꿔 가며 인간의 지성을 다각도로 탐구했다. 철학과 심리학을 거쳐 마침내 '인공지능'의 가능성을 발견한 힌턴. 머릿속으로만 마음이 무엇인지 탐구하기보다, 차라리 뇌와 비슷한 기계를 직접 만들어 보는 편이 낫지 않을까 하는 생각이었다. 이것이 훗날 신경망과 딥러닝을 향한 긴 여정의 시발점이 되었다.

1970년대, 힌턴은 에든버러 대학(University of Edinburgh)으로 옮겨 인공지능 분야에 본격적으로 뛰어든다. 당시 영국과 미국에서는 여전히 기호주의가 주류였다. 하지만, 힌턴은 뇌를 모방한 인공신경망이라는 대안을 파고들었다. 그러나 연구 현장은 냉랭했다. 단층 신경망이 마빈 민스키 등의 비판에 부딪혀 추락한 이후, 신경망은 이미 끝난 기술이라는 인식이 퍼져 있었다. 연구비는 줄어들었고, 주류 학자들은 냉담한 시선으로 힌턴 일행을 바라봤다. 지도교수를 비롯한 많은 교수들이 만류했음에도 불구하고 힌턴이 신경망 연구에 매달린 일화는 유명하다.

힌턴이 직면했던 초기 연구의 어려움은 여러 가지 측면이

혼합되어 있었다. 우선 학습 알고리즘이 명확하지 않았다. 단층의 신경망 문제를 해결하기 위해 연결주의 학자들은 다층 구조의 신경망을 구상했다. 하지만 이를 효율적으로 학습시킬 방법이 없었다. 게다가 컴퓨터 성능도 부족했다. 당시 컴퓨터의 하드웨어 사양이 신경망을 학습하기에는 부족하기도 했지만, 연구 예산 부족으로 적합한 하드웨어를 갖추기도 힘든 상황이었다. 그럼에도 힌턴은 같은 비전을 공유한 동료들과 교류하며 연구를 지속했다. 1980년대 초 미국으로 건너간 이유도 자유롭게 신경망 연구에 매진하기 위해서였다.

1970~80년대, 신경망 연구자들은 다층 신경망을 효율적으로 학습시키기 위해 노력했다. 단층 신경망으로는 해결 못 할 문제가 있다는 게 이미 드러났는데, 그렇다고 무작정 층을 쌓으면 학습 자체가 불가능에 가까웠다. 그런데 1980년대 중반, 힌턴을 비롯한 연구자 몇몇이 동시에 같은 열쇠를 찾아낸다. 바로 역전파(Backpropagation) 알고리즘이다.* 신경망은 마치 우리 뇌처럼 여러 층으로 이루어져 있다. 먼저 정보가 들어오는 '입력층(Input Layer)'이 있고, 이를 처리하는 '은닉층(Hidden Layer)', 그리고 결과를 내놓는 '출력층(Output Layer)'으

---

* 역전파 개념은 1974년 하버드에 다니던 폴 워보스(Paul Werbos)가 박사 논문에서 제안한 바 있다. 또한 1985년, 데이비드 파커(David Parker)가 MIT 기술 보고서에서 역전파 알고리즘을 설명했다. 힌턴 일행의 공로는 이를 널리 알리고 활용 가능성을 입증한 데 있었다.

로 구성된다. 역전파가 등장하기 전까지는 이 과정이 일방통행이었다. 입력층에서 시작된 데이터가 은닉층을 거쳐 출력층에서 결과를 내놓으면 그걸로 끝이었다. 그런데 역전파는 이 흐름을 뒤집어 놓았다. 마치 연어가 강물을 거슬러 올라가듯, 출력층에서 나온 오차를 다시 거꾸로 전파하면서 뉴런들 사이의 연결 강도를 조금씩 수정해 나가는 방식이었다. 단순해 보이는 이 아이디어가 여러 층의 신경망 학습을 가능하게 만든 열쇠였다. (부록 참조)

1986년, 힌턴은 심리학자 데이비드 럼멜하트(David Rumelhart), 학생이었던 로널드 윌리엄스(Ronald Williams)와 함께 역전파 알고리즘을 설명하는 논문을 〈네이처〉에 발표한다. 이 논문은 역전파를 통해 다층 신경망이 복잡한 문제를 학습할 수 있음을 실증하며 큰 반향을 일으켰다. 훗날 이 논문은 신경망 연구 부활의 기념비로 평가받는다.

하지만 당시 학계의 반응은 열광과 신중함이 교차했다. 많은 인공지능 연구자들은 역전파의 위력에 주목했고, 뇌과학과 심리학 커뮤니티에서는 연결주의 열풍이 불었다. 산업계에서도 신경망을 시험적으로 도입하려는 움직임이 일었다. 하지만 신경망을 반기지 않는 목소리 역시 계속됐다. 일부 기호주의자들은 신경망으로는 제대로 된 추론을 할 수 없다며 날 선 비판을 가했다. 이는 곧 두뇌의 인지 능력을 설명하는 데 신경망이 과연 충분하냐는 더 근본적인 논쟁으로 이어졌고, 결국 연결주의와 기호주의 진영 간의 첨예한 대립으로 번졌다.

무엇보다 당시 신경망이 널리 퍼지지 못한 데는 컴퓨팅 파워의 한계가 결정적이었다. 당시의 컴퓨터로는 복잡한 신경망을 실시간으로 돌리기가 버거웠고, 지금처럼 풍부한 데이터도 없었다. 게다가 역전파라는 혁신적인 방법을 써도 정확도가 여전히 아쉬운 수준이었다. 결국 신경망 부활이라는 씨앗은 뿌려졌지만, 그 꽃을 피우기까지는 더 많은 시간이 필요했다.

신경망이 좀처럼 크게 꽃피우지 못하던 시기, 힌턴에게 행운이 찾아온다. 캐나다의 고등연구원(CIFAR)에서 제안한 장기 연구 지원 프로그램이 그것이었다. 당장은 성과가 보장되지 않는 연구를 천천히 후원하겠다는 취지였다. 신경망 분야를 고집해 온 힌턴에게 이보다 더 반가운 지원은 없었다. 정부와 기업이 등을 돌리던 때에, CIFAR의 과감한 투자는 실로 귀중했다.

덕분에 힌턴은 1987년 캐나다의 토론토 대학교(University of Toronto)로 자리를 옮긴다. 그리고 주변에는 요슈아 벤지오(Yoshua Bengio), 얀 르쿤(Yann LeCun)* 같은 젊은 학자들이 모여든

---

* 제프리 힌턴, 요수아 벤지오, 얀 르쿤, 그리고 스탠퍼드 대학의 교수인 앤드류 응(Andrew Ng)은 현대 딥러닝 혁명을 이끈 핵심 연구자들이다. 그래서 이들을 인공지능 4대 천왕이라 일컫는다. 이들 4인방은 서로 협력하고 경쟁하며 딥러닝의 폭발적인 발전을 이끌었으며, 오늘날 인공지능 분야의 가장 영향력 있는 연구자로 꼽힌다.

다. 소위 말하는 '캐나다 학파'의 탄생이다. 이들은 신경망의 부활을 믿었고, CIFAR의 지원 아래 학제 간 협업을 자유롭게 펼쳤다.

그리고 2006년, 드디어 캐나다에서 '딥러닝'이라는 꽃이 피어난다. 힌턴이 이끌던 연구팀은 심층 신뢰망(Deep Belief Network, DBN)이라는 획기적인 '게임 체인저'를 만들어 냈다. 층별로 사전 학습을 미리 진행하면서, 깊은 구조로 신경망 층을 쌓아도 뉴런들을 안정적으로 학습시키는 이 아이디어는, 신경망의 위력을 알리는 신호탄과도 같았다. 당장 벤지오, 르쿤과 같은 젊은 학자들은 힌턴의 방식에 영감을 받아 새로운 신경망 모델을 발표하였다. 이때부터 딥러닝이라는 용어가 확산된다. 이는 연구자들이 이전보다 훨씬 깊은 신경망을 실제로 훈련할 수 있게 되었음을 강조하기 위해서였다. 딥러닝이라는 패러다임이 드디어 등장한 것이다.

딥러닝의 잠재력이 극적으로 입증된 순간은 2012년이었다. 제프리 힌턴과 그의 학생인 알렉스 크리제브스키(Alex Krizhevsky), 그리고 훗날 챗GPT의 개발 주역이 되지만 당시에는 역시나 학생이었던 일리야 슈츠케버(Ilya Sutskever)*는 '알렉

---

* 제프리 힌턴의 제자인 슈츠케버는 졸업 후, 오픈AI의 공동 창립자이자 수석 과학자로서 챗GPT 모델 시리즈 개발을 이끈다. 2023년 11월 오픈AI의 CEO 샘 울트먼의 해임 과정에서 이를 찬성하는 중요한 역할을 했지만, 이후 울트먼이 복귀하며 오픈AI를 퇴사하고 새로운 스타트업인 SSI(Safe Superintelligence)를 설립하였다.

스넷(AlexNet)'이라 불리는 딥러닝 모델을 들고 이미지 인식 경진대회에 참가한다. 이들이 만든 모델의 성능은 이전 기술과 비교가 안 될 만큼 압도적 성능을 내보였다. 2위와 격차가 10%p 이상 날 정도였다. 학계에 있는 모두가 경악할 만한 사건이었다.

이들이 만든 알렉스넷은 8개 층으로 이루어진 심층 신경망으로, 6천만 개의 파라미터와 65만 개의 뉴런을 포함하고 있었다. 이렇게 거대한 모델을 학습시키기 위해 이들은 당시로서는 이례적으로 GPU를 활용했다. 병렬 연산에 특화된 GPU를 활용하면서 기존 방식인 CPU만 활용할 때보다 훨씬 빠른 연산이 가능해졌다. 이때를 시작으로 딥러닝을 구동하는 모든 팀은 GPU를 대량으로 구비하기 시작했고, 인공지능 학습에 특화된 GPU 시장을 사실상 독점하고 있던 엔비디아가 급부상하기 시작했다.

알렉스넷 등장 이후, 인공지능 분야는 완전히 새 판이 짜였다. 사람 손으로 특징을 만들어 내던 전통 방식이 순식간에 퇴장했고, 네트워크가 알아서 특징을 추출하고 규칙을 발견하는 방식이 주류가 되었다. 음성 인식, 자연어 처리 등 다른 분야로도 딥러닝이 확대되며, 산업계도 폭발적인 관심을 보였다. 구글, 페이스북, 마이크로소프트 같은 거대 기업들이 인재 영입 경쟁에 나선 것도 바로 이 시기다. 힌턴은 스타트업에 잠시 몸을 담았다 곧바로 구글에 합류하며, 딥러닝을 실질적인 서비스에 접목하기 시작했다. 그야말로 전 세계가 딥러닝이라는 단어에 매달렸고, 힌턴은 '인공지능의 대부'라는 상징적 존재가 되었다.

딥러닝이 연구실을 넘어 산업계와 사회 전반으로 확산되자, 학계도 이 공로를 널리 인정하기 시작했다. 튜링상을 2018년에 힌턴, 벤지오, 르쿤이 공동 수상한 건 그 대표적인 사례다. 더 흥미로운 건, 2024년 10월, 힌턴이 존 홉필드(John Hopfield)와 함께 '노벨 물리학상'을 받았다는 점이다.

입자물리나 천체물리 같은 순수 과학의 영역으로 여겨지던 노벨 물리학상이 인공지능 연구자에게 수여된 건 이례적인 일이었다. 하지만 이유는 있었다. 힌턴과 홉필드는 물리학의 방법론을 일부 활용하여 인공지능 기초를 닦았다는 점을 인정받은 것이다. 실제로 홉필드는 1980년대에 홉필드 네트워크라 불리는 에너지 이론에 기반한 연상기억 모델을 제안했고, 힌턴은 이를 발전시켜 볼츠만 머신(Boltzman Machine)이라는 학습 방법을 고안했다. 이 볼츠만 머신을 쌓아 올린 것이 심층 신뢰망인 DBN이며, 이것이 딥러닝으로까지 이어지게 된다.

힌턴의 노벨상 수상은 단순히 한 연구자의 영예를 넘어, 더 큰 의미를 가진다. 우선, 컴퓨터 과학자가 노벨상을 받은 드문 사례라는 점에서, 인공지능의 위상이 과학계에서 크게 격상되었음을 보여 준다. 이전까지 인공지능을 비롯한 컴퓨터 분야 연구자들은 튜링상이나 필즈상과 같은 분야별 상을 통해 업적을 인정받았다. 하지만, 노벨상처럼 범과학적 권위를 지닌 상과는 거리가 있었다. 그러나 힌턴에 대한 수상은 딥러닝과 신경망이 현대 과학에 가져온 혁신이 양자역학이나 반도체 발명에 필적할 만큼 근본적임을 시사한다.

오늘날 우리는 힌턴의 역전파와 다층 퍼셉트론을 뿌리로 한 딥러닝 모델들을 음성 비서, 이미지 검색, 자율 주행, 번역, 의료 진단 등 수많은 영역에서 마주하고 있다. 챗GPT와 같은 거대 언어 모델 역시 연결주의의 극단을 선보이며, 인공지능을 사회 전체로 끌어들이고 있다. 과거 신경망이 쓸모없다고 취급받던 시절을 생각해 보면, 격세지감이 아닐 수 없다.

그러기에 제프리 힌턴이 보여 준 도전 정신과 통찰은 의미가 크다. 그는 아무도 주목하지 않던 분야에 끈질기게 매달렸고, 아무도 믿지 않던 신경망을 딥러닝이라는 주인공으로 만들었다. 딥러닝 혁명이란 결국, 명시적 규칙이 아닌 데이터로부터 지식을 얻을 수 있다고 믿는 학파의 성공을 의미한다. 아리스토텔레스가 "감각에서부터 시작하라"고 외쳤다면, 힌턴은 "그 감각 데이터를 거대한 신경망에 던지고, 기계가 스스로 규칙을 찾도록 하라"고 말한 셈이다.

언젠가 딥러닝을 넘어서는 또 다른 학습 패러다임이 등장할 수도 있다. 하지만, 그 한복판에는 경험에서 배우는 기계라는 연결주의의 씨앗은 여전히 살아 있을 것이다. 힌턴은 그 씨앗을 거목으로 만든 대표적 인물로, 딥러닝의 한 축을 넘어 인공지능 자체의 큰 줄기를 형성한 대부라 할 만하다.

정반합은 일어날 것인가?

철학사의 정반합

지금까지 우리는 철학과 인공지능의 역사를 나란히 살펴 봤다. 철학자들은 진리를 찾아 서로 다른 길을 걸었고, 인공 지능 연구자들도 기계 지능을 구현하려 각자의 방식으로 도전했다. 그 과정에서 놀랍게도 두 분야는 비슷한 발자취를 남겼다. 플라톤과 기호주의자들이 논리와 규칙을 찾아 헤매는 동안, 아리스토텔레스와 연결주의자들은 경험과 데이터에 주목했다.

하지만, 철학사를 보면 이렇게 두 축이 대립하는 것으로 끝나지 않았다. 새로운 시대가 열리며 더 큰 변화가 일어났다. 1장에서 잠시 언급한 헤겔이 말한 정반합의 법칙이 여기서도 작동하였다. 18세기 말, 철학사에서 가장 큰 전환점을 만든 인물은 바로 이마누엘 칸트(Immanuel Kant)다. 당시 유럽 철학계는 분열 상태였다. 한쪽에서는 데카르트나 라이프니츠 같은 합리론자들이 이성을 외쳤고, 다른 한쪽에서는 베이컨과 흄으로 대표되는 경험론자들이 감각의 힘을 강조했다.

이렇게 대륙의 합리론과 영국의 경험론이 충돌하던 국면에서, 칸트는 이 둘을 종합하는 철학적 혁신을 시도했다. 그는 우리가 세상을 이해하는 방식에는 경험도, 이성도 모두 필요하다고 보았다. 마치 케이크를 만들 때 밀가루라는 재료와 틀이라는 형식이 필요하듯, 지식을 만들 때도 감각이 주는 경험이라는 재료와 이성이 가진 틀이라는 형식이 함께 작용한다는 얘기다.

칸트는 이 발상을 스스로 '코페르니쿠스적 전환'이라 불렀다. 재미있는 비유 아닌가? 코페르니쿠스가 태양이 지구 주위를 도는 게 아니라, 지구가 태양 주위를 돈다고 뒤집어 놓았듯이, 칸트 역시 우리의 인식 구조를 뒤집어 놓았다. 이전까지는 우리가 세상을 있는 그대로 본다고 생각했지만, 칸트는 우리 머릿속에 있는 시간, 공간, 인과율 같은 틀을 통해서만 세상을 이해할 수 있다고 봤다. 마치 분홍색 선글라스를 쓰면 모든 게 분홍색으로 보이듯, 우리는 자신의 인식 구조라는 렌즈를 통해서만 세상을 본다는 것이다. 그래서 세상이 우리의 인식을 결정하는 게 아니라, 우리의 인식이 세상을 결정한다는 주장을 펼쳤다. 정말 파격적인 제안이다.

칸트의 이런 혁신은 한동안 철학계의 새로운 표준이 되었다. 하지만 여기서 끝일까? 정반합은 계속된다. 19세기 후반, 독일에는 프리드리히 빌헬름 니체(Friedrich Wilhelm Nietzsche)라는 또 다른 철학자가 등장해 이성 중심의 철학 전통을 강력히 비판하고 나선다. 그는 이성이나 도덕 같은 것들이 오히려 인간의 창조력을 억압한다고 봤다. 새장이 새의 비행을 막는 것처럼 말이다.

니체는 스스로를 '망치를 든 철학자'라 칭했다. 그동안 철학자들이 쌓아 올린 거대한 체계를 망치로 부숴 버리겠다는 선언이었다. 플라톤 이후로 이어져 온 이성 중심의 철학, 기독교의 도덕, 심지어 진리라는 개념까지 모조리 망치로 내리쳤다. 그리고 폭탄선언을 한다. "신은 죽었다!(Gott ist tot)" 이는 단순히 종교를 부정하는 게 아니었다. 절대적 진리나 도덕은 인간이 만든 허상이라는 뜻이었다.

망치로 부순 자리에 니체는 새로운 가치를 세우고자 했다. 그는 모든 것을 새롭게 평가하자고 제안했다. 기존의 가치를 뛰어넘어 스스로 삶의 의미를 만드는 '초인(Übermensch)'의 등장을 예고한 것이다. 망치는 단순히 부수기 위한 도구가 아니라, 새로운 조각상을 만들기 위한 예술가의 연장이기도 했다.

그렇다면, 오늘날 인공지능 분야에서도 이러한 '기존 패러다임을 깨부수는' 변화가 일어날 수 있을까? 철학사의 정반합 패턴은 AI 연구에서도 나타난다. 기호주의(정)에 연결주의가 반발했고(반), 이제 두 접근법을 결합하려는 시도(합)가 이루어지고 있다.

예를 들어, 최근 연구에서는 신경망 모델에 논리적 추론 능력을 추가하는 시도가 진행되고 있다. 이는 기호주의와 연결주의의 융합을 의미하며, AI 연구의 새로운 패러다임을 형성하는 과정이다.

과학 혁명의 역사에서도 정반합의 패턴이 반복되었다. 뉴턴의 결정론적 물리학(정)이 주류였으나, 아인슈타인의 상대성이론(반)이 이를 뒤집었다. 현대 물리학은 두 이론을 종합하여 더 넓은 시각(합)을 제시하고 있다.

그렇다면 이런 정반합의 법칙은 인공지능의 미래에도 적용될까? 현재 딥러닝이 보여 주는 놀라운 성과 뒤에는 어떤 반작용이 기다리고 있을까? 더 나아가 그 너머에는 어떤 새로운 합이 우리를 기다리고 있을까?

정반합의 법칙, 그리고 인공지능의 미래

오늘날 인공지능계의 왕좌는 단연 딥러닝이 차지하고 있

다. 챗GPT부터 자율 주행까지, 모든 혁신적인 서비스의 중심에는 딥러닝이 있다. 연결주의자들이 꿈꿨던 미래가 드디어 현실이 되었다. 하지만 그 이면에는 여러 문제들이 제기된다. 무엇보다 딥러닝은 '블랙박스'다. 수십 억 개의 파라미터로 이루어진 거대한 신경망이 왜 이런 판단을 내렸는지 우리는 알 수 없다. 게다가 논리적 추론도 취약하다. 단순히 패턴을 외우는 수준에 그치다 보니, 추론이 필요한 문제 앞에서 허점을 드러냈다. 그래서 처음 공개된 챗GPT의 경우, 엄청난 언어 능력을 보여 줬지만, 간단한 수학 문제를 풀 때도 종종 실수를 했다. 없는 사실을 지어내는 할루시네이션 현상은 늘 발생했다.

딥러닝이 보여 주는 한계를 극복하기 위해 연구자들은 과거 기호주의가 보여 준 장점을 되살리려 하고 있다. 딥러닝에 논리적 추론 능력을 더하려는 시도가 바로 그것이다. 대표적으로 'Chain-of-Thought(CoT)' 기법을 들 수 있다. 이는 인공지능이 문제를 풀 때 마치 사람처럼 단계별로 생각을 정리하며 해답을 찾아가도록 만든다. 복잡한 문제를 하나씩 차근차근 해결하는 이 방식은, 인간의 논리적 사고 과정을 모방하려 했던 기호주의의 정신과 맞닿아 있다. 실제로 최근의 챗GPT나 딥시크(DeepSeek)* 같은 모델들은 이런 CoT 방식을 활용해

---

* 딥시크는 2023년 중국 항저우에서 설립된 인공지능 스타트업으로, 고성능 LLM을 저비용으로 개발하여 글로벌 AI 시장에 큰 반향을 일으켰다.

놀라운 추론 능력을 보여 주고 있다. 이들은 수학 올림피아드 문제나 복잡한 코딩 문제를 척척 해결해내고 있다.

여기에 최근의 대형 언어 모델들은 RLHF(Reinforcement Learning from Human Feedback)라는 인간이 강화 학습에 참여하는 방식도 적극 활용하고 있다. 이 기법은 연결주의적 강화 학습에 기반을 두고 있지만, 인간의 피드백을 통해 모델을 조정하는 과정에서 자연스레 기호적 판단과 가치 체계가 반영된다. 단순한 시행착오를 넘어, 상식적인 규칙도 함께 배우는 셈이다.

오늘날 인공지능의 발전 모습을 보면 마치 칸트가 경험론과 합리론을 통합하려 했던 것처럼, 연결주의와 기호주의의 장점을 모두 취하려 하는 것 같지 않은가? 물론 아직은 딥러닝이라는 큰 틀 위에서 추론 능력을 갖추게 하는 것이기에, 연결주의의 비중이 훨씬 크지만 말이다.

하지만 일부 연구자들은 이런 점진적 개선으로는 부족하다고 본다. 그들은 니체처럼 망치를 들고 기존 체계를 부수려 한다. 캐나다 학파의 일원이자 인공지능의 4대 천왕 중 한 명인 얀 르쿤이 대표적이다. 그는 한 강연에서 현재의 인공지능은 고양이만도 못하다는 의견을 밝히기도 했다.

그는 현재의 딥러닝이 근본적인 한계를 가지고 있다고 보고 있다. 아무리 큰 모델을 만들어도, 텍스트나 이미지의 패턴을 학습하는 것만으로는 진정한 지능을 만들 수 없다는 것이 그의 견해이다. 그는 완전히 새로운 접근이 필요하다고 주장한다. 인공지능이 세상을 이해하고 미래를 예측하며 계획을 세울 수 있어야 한다는 것이다. 마치 동물이 주변 환경을 이해하고 행동하듯이 말이다.

우리는 지금까지 철학과 인공지능의 놀라운 평행 이론을 살펴봤다. 철학자들이 진리를 찾아 헤맸듯이, 인공지능 연구자들도 진정한 지능을 찾아 도전하고 있다. 처음에는 규칙 기반의 기호주의가 '정'이었고, 이에 맞서 등장한 딥러닝이 '반'이었다면, 이제는 새로운 '합'을 향해 나아가는 중이다.

그렇다면 새로운 합의 형태는 무엇이 될까? 칸트가 합리론과 경험론을 종합하여 새로운 철학을 제시했듯이, 인간의 직관적 인식과 논리적 사고를 자연스레 결합한 인공지능이 탄생할 수도 있다. 혹은 니체가 기존의 모든 가치를 부정하고 새로운 길을 찾았듯이, 완전히 새로운 형태의 인공지능이 탄생할 수도 있다. 인공지능의 미래에 대해서는 그 누구도 확답을 할 수 없다. 한 가지 분명한 건, 우리가 함께할 인공지능의 여정은 단순한 기술 발전을 넘어 인간의 지능과 의식, 그리고 철학과 역사에 대한 깊은 이해를 요구한다는 점이다.

chapter 3

AI,

역사와 만나다

계속해서 인간에 도전해 온 AI

 인공지능은 우리 삶에 막대한 영향을 미치고 있다. 이제 인공지능 시대라고 해도 과언이 아니다. 누군가는 인공지능이 제공하는 문명의 이기에 만족하며, 적극 활용 중일 것이다. 누군가는 여전히 인공지능이 어색해서 애써 외면하고 있을지도 모른다. 이렇듯 인공지능을 바라보는 관점은 다르다. 하지만 마음속 깊이 자리 잡은 하나의 생각은 동일할 것이다. 인류가 계속해서 품어 온 막연한 상상. 결국 인공지능이 우리에게 도전해서, 인류 위에 서는 건 아닌지 하는 우려일 것이다.

 우리는 1장과 2장을 통해 인공지능의 발전 과정을 철학사에 빗대어 살펴봤다. 그렇다면 이제 자연스럽게 의문 하나가 떠오를지 모른다. 과연 미래는 어떻게 될 것인가? 이 물음에 답하기 위해서는 잠시 시곗바늘을 뒤로 돌려볼 필요가 있다.

체스 게임에서 시작해 바둑, 그리고 이제는 고도의 추론을 요하는 난이도 높은 문제를 푸는 영역까지. 인공지능이 끊임없이 인간의 고유 영역에 도전해 온 역사를 되짚어 보자. 그 도전의 여정 속에서 우리는 어쩌면 미래를 가늠할 단서를 발견할지도 모른다.

1946년 도쿄, 인간이 기계를 이기던 날

인간은 기계를 만들어 놓고, 다시 인간과 겨루게 하는 묘한 본능을 가지고 있다. 체스와 바둑에서의 인공지능과의 대결은 우리에게 잘 알려져 있지만, 사실 기계나 인공지능이 인간에게 도전했던 일화는 여러 차례 있었다. 먼저, 1946년 일본 도쿄로 가 보자. 한 극장에 기계와 사람의 대결을 지켜보기 위해 많은 사람들이 모였다. 2차 세계대전 직후, 미군이 들여온 최신 전자계산기와 일본 전통의 주판이 맞붙었다. 이는 단순한 계산 대결이 아니라, 오랜 지혜와 새로운 기계 문명의 충돌이었다.

일본 체신성의 직원이자 주판 챔피언이었던 마쓰자키 기요시는 주판을 들었고, 미군의 토마스 우드 일병은 전자계산기 앞에 앉았다. 덧셈, 뺄셈, 곱셈, 나눗셈, 혼합 계산까지 총 다섯 번의 대결이 이어졌다. 결과는 놀라웠다. 2000년 역사의

주판이 초기 전자계산기를 4대 1로 이긴 것이다. (부록 참조)

"이날 문명이 비틀거렸다." 닛폰 타임즈(Nippon Times)의 헤드라인이었다. 미군의 신문인 스타스 앤 스트라입스(Stars and Stripes)는 "기계 시대가 한 걸음 퇴보했다"고 평가했다. 인간의 숙련된 기술이 첨단 기계를 압도한 순간이었다. 물론 잠시뿐이었지만 말이다. 이후 컴퓨터는 놀라운 속도로 발전했고, 곧 인간의 계산 능력을 훌쩍 뛰어넘었다. 하지만 이 대결은 여러모로 의미가 있다. 기계가 인간을 뛰어넘을지도 모른다는 호기심에서 시작된 이 이색 대결은, 당시만큼은 인간이 기계를 이길 수 있다는 안도감을 주었고, 앞으로 이어질 인간과 기계의 수많은 대결의 서막이었다.

체커에서 인간에 도전한 기계, 머신러닝을 탄생시키다

우리나라에서는 널리 알려지지 않았지만, 체커는 서양에서 누구나 즐기는 대중적인 보드게임이다. 체스판에서 흑과 백의 돌을 움직여 상대 돌을 빼앗는 게임으로, 체스보다 룰이 단순해 쉽게 즐길 수 있다. 이 체커를 연구 대상으로 삼은 이가 있었으니, 바로 아서 새뮤얼(Arthur Samuel)이다.

그가 체커에 주목한 계기는 지극히 현실적이었다. 1948년, 일리노이 대학교(University of Illinois)에 근무하던 그는 직접 컴퓨터를 제작하려 했지만, 자금이 부족했다. 사람들의 관심을 끌어 연구비를 얻으려면, 체커를 두는 기계를 선보이는 것이 좋은 방법이라 생각했다.

이듬해 IBM으로 자리를 옮긴 새뮤얼은 IBM의 첫 대량 생산 컴퓨터인 IBM 701 개발팀에 합류한다. 그의 팀이 개발 사양을 고민할 때, 그는 자신의 체커 프로그램을 만들기로 결심했다. 막 합류한 팀에서 자신의 프로그램이 무시당할까 두려웠던 그는, 프로그램의 '학습' 부분을 설계하는 데 전력을 다했다. 그리고 1952년, 마침내 첫 체커 프로그램이 완성됐다. 이를 계속해서 보완한 후, 1956년 2월 24일, 새뮤얼은 자신이 만든 프로그램과 함께 TV에 출연한다. 생방송 아침 뉴스에서 원격으로 IBM 701을 조작하며, 스튜디오에 있는 사람들과 약 한 시간 동안 컴퓨터와 체커 게임을 진행한 것이다. 기계와 사람의 대결이 TV로 생중계된 역사적인 순간이었다.

새뮤얼의 TV 출연 몇 달 후, 컴퓨터 과학자들은 다트머스 대학에서 워크숍을 개최한다. 앞서 살펴본 다트머스 회의다. 여기서 '인공지능'이란 이름이 탄생했다. 그리고 1959년, 새뮤얼이 체커 프로그램의 학습 방법을 소개한 논문에서 '머신러닝(Machine Learning)'이란 용어가 처음 등장한다. (부록 참조) 이 시기에 탄생한 인공지능과 머신러닝이라는 용어를 현재 우리는 쓰고 있다.

새뮤얼의 프로그램의 학습 방식은 기존과 달랐다. 당시

컴퓨터의 메모리와 처리 속도가 턱없이 부족했기에, 새뮤얼은 모든 경우의 수를 일일이 계산하는 대신 영리한 방법을 택했다. 한 번 둔 수를 기억해 두었다가, 비슷한 상황이 나타나면 그 경험을 활용하도록 한 것이다. 여기에 과거 게임을 학습하는 방식까지 도입했다. 프로그램은 승리와 패배의 기록을 차곡차곡 쌓아 가며, 이를 다음 학습에 반영했다. 말 그대로 질 때마다, 이길 때마다 프로그램은 한층 강해졌다.

이런 노력은 마침내 빛을 발한다. 1962년, 새뮤얼의 프로그램은 '체커 마스터'라는 별명을 가진 로버트 닐리(Robert Nealey)를 상대로 승리를 거둔다. 비록 닐리가 세계 최강자는 아니었지만, 사람들의 반응은 뜨거웠다. IBM의 주가가 단숨에 치솟았다는 일화가 전해질 정도로, 기계가 인간을 뛰어넘을 수 있다는 가능성에 업계는 열광했다.

하지만 새뮤얼의 체커 프로그램이 늘 승승장구했던 것만은 아니다. 1965년에는 사람과의 대결에서 8경기 모두 패하는 쓴맛을 보기도 했다. 하지만 중요한 건 이런 패배조차 프로그램을 더 강하게 만드는 계기가 되었다는 점이다. 승리도, 패배도, 모두 다음 대국을 위한 소중한 자양분이었던 셈이다.

이처럼 시행착오의 결과를 계속 쌓아 가며 프로그램의 성능을 높이는 방식은, 훗날 '강화 학습'이라 불리는 접근법과 묘하게 닮아 있다. 강화 학습은 머신러닝의 한 갈래로, 주어진 목표를 달성하기 위해 시행착오를 반복하는 방법이다. 마치 말을 훈련할 때처럼 좋은 결과에는 당근을, 나쁜 결과에는 채찍을 준다. 결국 더 많은 당근을 받는 방향으로 학습이 진행되는 것이다. 흥미로운 건 이 강화 학습이 훗날 딥러닝과 만나 인간계 바둑 챔피언까지 제압하게 된다는 점이다. 체커라는 비교적 단순한 게임에서 시작된 머신러닝의 실험이, 50년의 세월을 건너 한층 복잡한 바둑판에서 먹혀들었다.

새뮤얼은 1959년 머신러닝이라는 용어를 처음 소개한 논문에서 인공 신경망 방식을 신랄하게 비판했다. 자신의 학습 방식이 당시 신경망보다 훨씬 뛰어나다고 자신하면서, 신경망은 벌레, 정확히는 편형동물(Flatworm) 수준에도 미치지 못한다며 혹평을 쏟아 냈다. 하지만 역사의 아이러니라고 할까? 벌레 취급을 받던 신경망은 수십 년의 부침을 겪다가 마침내 화려하게 부활하여 오늘날 인공지능의 주류가 되었다. 물론 새뮤얼이 닦아 놓은 강화 학습의 길 역시 인공지능 연구의 한 축을 든든히 지키고 있다.

여기서 우리는 재미있는 사실 하나를 발견하게 된다. 편형동물보다도 못하다는 평가를 받던 신경망은, 연결주의의 대표주자인 얀 르쿤에 따르면 이제 최소한 고양이 수준까지는 올라왔다고 한다. 지구상 동물의 진화 속도를 감안해 보면, 60년 남짓한 세월 만에 편형동물에서 집고양이까지 진화했다는 건 꽤나 빠른 발전이 아니었을까?

체스판 위의 한 판 승부, 인류의 자존심을 건 대결

1997년 5월 11일, 뉴욕 맨해튼. 한 남자가 비통한 표정으로 자리에서 일어선다. 세계 체스 챔피언 가리 카스파로프(Garry Kasparov)였다. 그의 상대는 차가운 금속 상자, IBM의 슈퍼컴퓨터 '딥블루(Deep Blue)'였다. 19수 만에 벌어진 굴욕적 패배. 체스 역사상 현역 세계 챔피언이 인공지능에게 패배한 첫 순간이었다. CNN이 생중계한 이 장면을 지켜보던 전 세계 사람들은 충격에 빠졌다. 체스라는 논리적 사고의 정점에서, 인공지능은 마침내 인간 최고 고수를 넘어선 것이다. (부록 참조)

인공지능 역사에서 체스는 단순 게임 이상의 의미이다. 체스는 복잡한 전략과 수읽기를 요구하기에, 오랫동안 기계가 인간의 지능을 따라잡을 수 있을지 시험하는 대표 무대가 되었다. 실제로 러시아 인공지능 연구자 알렉산더 크론로드(Alexander Kronrod)는 "체스는 인공지능 연구의 초파리와 같다"고 말했는데, 이는 유전학자들이 초파리로 실험하듯이 체스로 인공지능을 실험한다는 의미였다.

컴퓨터가 체스에서 인간 최고수를 꺾는 것은 인공지능계의 오랜 꿈이었다. 1950년대부터 섀넌과 튜링과 같은 선구자들이 체스 알고리즘을 논의했다. 이러한 배경에서 IBM은 체스를 통해 인공지능의 한계를 시험하고자 했다. 1990년대 중반, IBM은 세계 챔피언과 맞설 체스 슈퍼컴퓨터 개발에 착수했다. 이들은 이 인공지능의 이름을 딥블루로 짓고 만반의 준비를 했다. 개발자들이 알고리즘을 구상하는 것과 더불어 미국의 체스 챔피언인 조엘 벤자민(Joel Benjamin)을 영입하여 기보를 훈련하기까지 했다. 인간 전문가의 지식을 기계에 불어넣어, 기계는 정교한 체스 전략들을 학습할 수 있었다.

딥블루는 인간의 지식과 컴퓨터의 계산 능력을 결합한 방식으로 작동했다. 매 턴마다 가능한 수를 나뭇가지처럼 펼쳐 몇 수 앞을 계산한 후, 최선의 수를 결정했다. 당시 딥블루는 병렬 처리가 가능한 전용 칩 480개와 슈퍼컴퓨터 노드 30개로 구축되어 초당 약 1억 개의 체스 수를 탐색할 수 있었다. 이는 인간이 도저히 따라갈 수 없는 속도로, 일종의 '무차별 대입(Brute Force)*' 전략이었다. 또한, 가지치기(Pruning)**로 불필요한 가지는 걸러 냈고, 사람이 입력한 체스 지식도 활용했다.

---

* 컴퓨터의 빠른 계산 능력을 활용해 모든 경우의 수를 하나하나 시도해 보는 알고리즘이다. 복잡한 과정 없이 단순하게 모든 가능성을 검토하기에 구현은 쉽지만, 문제의 크기가 커지면 효율성이 떨어지는 단점이 있다.
** 최적의 방법을 찾는 과정에서 유망하지 않을 가능성을 미리 제거하여 계산 효율을 높이는 기법이다. 체스나 바둑 프로그램에서 유망하지 않은 경우의 수를 미리 배제함으로써 모든 경우를 다 살펴보지 않고도 최적의 수를 찾을 수 있게 해 준다.

그 결과 딥블루는 단순히 빠르기만 한 것이 아니라 체스의 정석과 요령을 부분적으로나마 알고 있는 전문가 시스템으로 거듭났다.

이렇게 철저히 준비한 딥블루는 마침내 체스 세계 챔피언 카스파로프에 도전장을 던진다. IBM과 카스파로프, 기계와 인간의 대결은 전 세계 언론의 주목을 받으며, 인간 두뇌와 인공지능의 대결로 큰 관심을 끈다. 1996년 2월, 미국 필라델피아에서 역사적인 첫 대결이 시작된다. 그리고 모두 충격을 받는다. 1국에서 딥블루가 승리한 것이다. 사상 최초로 현역 세계 챔피언이 인공지능에 진 순간이다. 언론에서는 대서특필했고, 인간 대 기계 전쟁에서 기계가 먼저 1승을 챙겼다고 떠들어 댔다.

하지만 시합은 총 6경기로 진행되었다. 카스파로프는 노련하게 자세를 가다듬고, 딥블루가 예상하지 못한 변칙적 수를 두거나, 복잡한 형세로 유도하여 계산을 교란하는 전략을 구사했다. 결국 1996년 매치의 최종 스코어는 3승 2무 1패로 카스파로프의 승리로 끝이 난다. 최종전을 마친 카스파로프는 환한 웃음과 함께 자리에서 일어나 손을 내밀었고, 딥블루를 대리해 앉아 있던 IBM 팀과 악수를 나눴다. 인간의 승리였다. 딥블루는 뛰어났지만, 아직 인간을 완전히 넘지는 못했다는 안도감이 퍼졌다.

IBM은 이에 굴하지 않고 즉시 재대결을 제안했다. 그리고 1년간 딥블루를 개선했다. 내부에서는 '디퍼 블루(Deeper Blue)'라 불릴 정도로, 초당 2억 수까지 계산할 수 있는 괴물로 진화했다. 체스 그랜드 마스터들의 조언을 받아 전략도 보강했다. 1997년 5월, 운명의 재대결이 성사됐다.

재대결 첫 경기, 역시 카스파로프는 강했다. 그는 첫판을 완벽하게 제압하며 자신감을 되찾았다. 하지만 운명의 2국에서 예상치 못한 일이 벌어졌다. 중반, 딥블루가 이해할 수 없는 수를 두었다. 나중에 밝혀진 바로는 소프트웨어 버그 때문이었다. 하지만 당시 카스파로프는 그 수에 숨겨진 깊은 의도를 찾으려 애쓰다 결국 판세를 망쳐 버렸다.

이 패배는 카스파로프의 정신을 크게 흔들었다. 그는 IBM이 경기 도중 프로그램을 조작하는 게 아닐지 의심하기 시작했다. "기계가 보여 준 몇몇 수에서 인간의 창의성이 느껴졌다"며 불만을 터뜨렸다. IBM은 이를 강력히 부인했지만, 의혹은 그의 집중력을 갉아먹었다. 결국 3국과 4국은 무승부. 하지만 카스파로프는 그저 비기기에 급급한 모습이었다. 5국마저 비기며 결국 최종 6국을 맞이하게 된다. 스코어는 동점. 6국의 승자가 최종 승자가 된다.

그리고 마지막 날, 뉴욕 맨해튼의 경기장. 전 세계 언론이 지켜보는 가운데 카스파로프는 딥블루의 차가운 계산에 완패

했다. 19수 만에 백기를 든 것이다. 기자회견장에서 그는 "내 생에 가장 충격적인 날"이라고 털어놓았다. 인류 최고의 체스 챔피언이 침통한 표정으로 한 말이었다. (부록 참조)

 IBM은 다음 목표를 퀴즈쇼로 정했다. 체스가 '논리와 계산'의 싸움이었다면, 퀴즈쇼는 '언어와 지식'의 싸움이었다. 인간과 AI의 대결은 이제 새로운 국면으로 접어들었다.

 이번 무대의 주인공은 새로운 인공지능인 '왓슨(Watson)'이다. 왓슨은 딥블루와는 사뭇 다른 능력을 필요로 했다. 체스는 정형화된 규칙과 움직임만 다루면 된다. 하지만 퀴즈쇼에서는 자연어로 된 질문을 이해하고, 전혀 제약이 없는 상식과 지식을 동원해 정답을 찾아내야 했다. 이는 인간의 언어를 기계가 이해하고 대응하는, 자연어 처리(Natural Language Processing, NLP)와 지식 검색의 극한 도전과도 같았다.

 왓슨 개발팀은 수년간 방대한 지식 데이터베이스를 구축하고, 자연어 질의응답 시스템을 훈련시켰다. 질문을 보면 왓슨은 문서를 수천만 건 훑어보고, 답이 될 법한 후보를 점수화해 가장 확률 높은 답을 내놓는 방식으로 작동했다. 이러한 과정은 사람처럼 직관적으로 이루어지는 것이 아니라, 수많은 후보 답변을 놓고 확률 계산을 통해 이루어졌다. 하지만 겉보기에는 마치 기계가 사람처럼 질문을 이해하고 대답을 하는 것처럼 보였다.

2011년, 마침내 퀴즈쇼 역사상 가장 뛰어난 두 명의 인간 챔피언, 켄 제닝스(Ken Jennings), 브래드 러터(Brad Rutter)와 IBM 왓슨이 TV 퀴즈쇼 제퍼디(Jeopardy!)에 출연했다. 특집 방송으로 마련된 이 대결은 다시 한번 인간과 기계의 빅매치로 큰 관심을 모았다. 결과는 어땠을까? 놀랍게도, 왓슨의 압승이었다. 왓슨은 최종 상금 77,147달러를 획득하여 인간 챔피언들을 크게 따돌렸고, 인간 도전자 중 1위였던 켄 제닝스는 24,000달러로 2위에 그쳤다. 제닝스는 마지막 문제 답안 판에 유머러스하게 "나는 우리의 새로운 컴퓨터 군주를 환영한다(I, for one, one welcome our new computer overloads)"라고 써 놓으며 패배를 인정했다.

왓슨의 승리는 딥블루 때와는 또 다른 의미에서 화제가 되었다. 딥블루가 규칙이 정해진 체스에서 승리했다면, 왓슨은 언어와 상식의 영역에서 인간을 넘어선 것이다. IBM은 왓슨을 두고 '인지 컴퓨팅(Cognitive Computing)'의 새 시대를 열었다며 대대적으로 홍보했다. 퀴즈쇼에서의 승리 이후, IBM은 왓슨을 지식 노동을 도울 인공지능이라며, 다양한 산업 현장에 투입하기 위한 투자를 이어 갔다.

그러나 퀴즈쇼에서의 화려한 승리와 달리, 왓슨의 실전 적용은 순탄치 않았다. IBM은 왓슨을 더욱 발전시켜, 암 환자에게 최적의 치료법을 제안하는 시스템으로 변신시켰다. 그 후 왓슨은 곧장 병원에 투입되었다. 하지만 이 시스템은 종종 부적절한 치료법을 추천하였으며, 특히 2018년에는 암 환자에게 해롭거나 잘못된 치료법을 추천하여 물의를 일으키기도 했다. 이로 인해 왓슨의 한계에 대한 비판이 거세졌다.

왓슨의 한계는 근본적인 것이었다. 퀴즈쇼에서는 정형화된 문장과 비교적 간단한 상식 범위 내에서 답을 찾으면 되었지만, 실제 의료 현장은 훨씬 복잡한 맥락과 사람만이 알 수 있는 상식이 필요했다. 한 의료 전문가는 "왓슨은 교과서 문장만 이해할 뿐, 현장의 함의를 읽지 못한다"고 지적하기도 했다. 다른 산업에서도 사정은 비슷했다. 왓슨은 고객 상담, 금융 자문, 법률 조사 등 여러 분야에 투입되었지만, 사람 전문가 수준을 뛰어 넘기는커녕 실무에 쓸 만한 성능을 보여 주는 데도 실패했다. 결국 IBM은 왓슨 사업의 철수를 결정하고, 2022년 초 왓슨 헬스 부문을 통째로 매각해 버렸다. 한때 인공지능의 미래로 칭송받던 왓슨 프로젝트가 사실상 실패로 막을 내린 순간이다.

IBM의 딥블루와 왓슨의 이야기는 인공지능의 변천사와 맞닿아 있다. 딥블루와 왓슨이 활약하던 1990~2010년대 초반까지 인공지능 분야는 인간이 지식을 구조화하여 컴퓨터에 가르치는 기호주의, 즉 전문가 시스템이 한몫 차지하고 있었다. 딥러닝이 태동하긴 했지만, 2012년 알렉스넷이 등장하기 전까지는 학계의 주류라고 볼 수는 없는 상황이었다. 그렇기에 IBM 역시 체스의 정석이나 의료 지식을 일일이 입력하고, 강력한 알고리즘으로 추론하는 방식을 자연스레 도입하였다. 이러한 접근은 특정 분야에서 초인적 성과를 냈지만, 결국 한계를 드러내고 말았다. 규칙 기반 인공지능은 규칙이 제한 체스나 퀴즈쇼에는 강하지만, 현실 세계처럼 변수가 많은 문제를 푸는 데는 약점을 드러낼 수밖에 없었다.

아이러니하게도, 왓슨이 퀴즈쇼에서 승리한 그다음 해인 2012년, 딥러닝이 이미지 인식 대회에서 돌풍을 일으키며 새로운 가능성을 보인다. 그리고 딥러닝과 강화 학습으로 무장한 한 인공지능이 금단의 영역으로 여겨지던 분야에 도전한다. 바로 바둑이다. 1997년 딥블루의 승리 이후로 체스는 기계가 정복한 영역으로 넘어갔지만, 바둑은 마지막 보루로 여겨졌다. 바둑은 체스보다 경우의 수가 천문학적으로 많아, 기존 기호주의 인공지능으로는 정복이 불가능해 보였기 때문이다. 그럼, 이제 바둑에 도전한 인공지능 이야기를 살펴보자.

이세돌 vs 알파고: 인공지능 역사에 남은 전설적 대결

2016년 3월, 서울 광화문 포시즌스 호텔에서 세기의 대결이 시작되었다. 한쪽에는 구글 딥마인드가 개발한 인공지능 '알파고(AlphaGo)'가, 다른 한쪽에는 한국의 천재 바둑기사 이세돌 9단이 자리했다. 이 대결은 단순 바둑 경기가 아니었다. 체스는 인공지능이 정복했지만, 바둑은 달랐다. 대부분의 바둑 전문가는 인공지능이 인간 최고 고수를 이기는 데 최소 10년은 걸릴 것이라 예상했고, 인공지능 전문가 다수도 아직은 인간의 우세를 점쳤다.

그러나 뚜껑을 열자, 알파고는 충격적인 장면들을 만들어 낸다. 1국부터 예상은 완전히 빗나갔다. 알파고는 차분하면서도 강력한 운영으로 이세돌을 압박했고, 결국 불계승*을 거두었다. 전 세계가 충격에 빠졌다. 인류 최고의 바둑 기사 중 한 명이 인공지능에게 완패한 것이다.

그러나 이것은 시작에 불과했다. 2국에서는 바둑과 인공지능 역사에 길이 남을 묘수가 탄생했다. 바로 알파고의 '37번째 수'이다. 흑돌을 잡은 알파고의 37번째 수는 인간 프로 기사라면 좀처럼 두지 않을 파격적인 수였다. 당시 해설을 하던 김성룡 9단은 "프로라면 절대 두지 않을 돌"이라 평했고, 송태곤 9단은 "아마추어가 뒀다면 혼날 만한 수"라며 놀라움을 표했다. 이세돌도 그 수를 보고 15분 넘게 대응 수를 고민할 정도로 당황했다. 이 수는 훗날 '신의 한 수'로 불리게 된다. 인간이라면 결코 두지 않았을 그 한 수가, 오히려 가장 이

---

* 바둑에서 한쪽이 더 이상 승산이 없다고 판단해 스스로 패배를 인정하고 경기를 끝내는 것이다.

상적인 수였다는 사실이 밝혀진 것이다. 결국 알파고는 이 예측 불허의 묘수를 앞세워 2국마저 승리했고, 이세돌은 경기가 끝난 후 "할 말을 잃었다"며 충격을 감추지 못했다. 그리고 3국 역시 이세돌의 실수가 나오며 알파고가 압승한다. 총 5번의 대국으로 구성된 대결이었는데, 단 3판 만에 인간 대표가 패배한 것이다. 현장 분위기는 침통했고 이세돌은 팬들에게 죄송하다며 사과까지 한다. 이로써 알파고는 100년이 넘는 현대 바둑 사에서 세계 챔피언을 공식 대국에서 이긴 최초의 인공지능으로 등극한다.

이미 우승이 결정된 상황. 하지만 이세돌은 마지막 자존심을 걸고 4국에 임했다. 중반까지 여전히 알파고가 우세해 보였다. 그러나 이세돌답게 한 판을 만회하겠다는 각오로 임한 그는 누구도 예상치 못한 필살의 수를 찾아냈다. 장고 끝에 이세돌이 둔 78번째 수는 바둑판 중앙에 끼운 절묘한 '끊음' 한 수였다. 이 한 수가 알파고의 허점을 정확히 찔렀고, 이후 알파고는 다음 수에서 형세 판단을 그르치는 치명적 오류를 범하며 승률이 급락하는 사태가 벌어졌다. 한국 해설진은 흥분하여 이를 '신의 한 수'라 불렀다. 이 수 한 방으로 승부가 뒤집히자, 알파고도 곧 패배를 인지하고 돌을 거두었다. 인간이 만들어 낸 기발한 착상이 마침내 인공지능을 상대로 거둔 첫 승리를 이끌어 낸 순간이었다.

최종 5국에서 알파고는 한층 신중하고 날카로운 수읽기를 선보였다. 초반부터 알파고 특유의 안정적인 운영으로 앞서 나갔고, 이세돌도 끝까지 분투했지만 결국 승리는 알파고에게 돌아간다. 최종 스코어 4 대 1. 알파고의 승리였다. 세기의 대결이 막을 내린 순간, 전 세계 관객들은 두 대국자에게 뜨거운 박수를 보냈다. 인간 대표로 고군분투한 이세돌과, 인간의 상상을 뛰어넘은 수로 모두를 놀라게 한 알파고. 두 존재가 함께 빚어낸 역사적 명장면이었다.

이 대결은 단순 승패를 넘어 인공지능 기술의 비약적 진보를 전 세계에 각인시킨 사건이었다. 서로 한 번씩 주고받은 신의 한 수는 인간과 인공지능 각각의 잠재력과 한계를 극적으로 보여 주었다. 알파고의 승리는 인공지능 연구의 새로운 전환점을 마련했으며, 바둑계 역시 인공지능 등장 이후 바둑관 자체가 완전히 바뀌게 된다.

알파고는 무엇이 달랐을까? 사람에 도전장을 던진 이전의 인공지능들은 인간이 입력한 규칙에 따라 움직였다. 하지만 알파고는 스스로 학습하는 방식으로 실력을 쌓아 갔다. 이는 그동안 우리가 살펴본 기호주의와 연결주의 역사에서 중요한 전환점이다. 규칙을 통해 지능을 구현하려 했던 기호주의의 한계를 뛰어넘어, 마침내 연결주의가 꿈꾸던 경험을 통한 학습이 현실이 된 것이다. 앞서 제프리 힌턴 글에서 본 것처럼 딥러닝이 학계에서 대세가 된 건 2012년 알렉스넷의 등장이었다. 하지만 대중들에게, 그리고 산업 관계자들에게 딥러닝이라는 이름이 각인되고, 정부와 대기업들이 인공지능에 올인하게 된 시점은 알파고의 등장 이후부터이다. 그야말로 인공지능, 아니 딥러닝의 부상은 알파고의 등장과 그 궤를 같이한다.

알파고는 딥러닝과 강화 학습을 결합한 인공지능이다. 초기 버전 알파고는 프로 기사들이 둔 수천만 건의 기보를 학습한 후, 이를 모방하도록 훈련되었다. 인간 기보로 기본기를 익힌 후에는 스스로 대국을 거듭하는 자기 학습 단계로 들어갔다. 이 과정에서 강화 학습이 활용된다. 알파고는 자신의 복제본들과 수천 번 대국하며 매번 오류를 교정하고 전략을 개선했다. 이러한 구조 덕분에 알파고는 인간 최고 고수를 상대할 수준의 직관적 수읽기 능력과 전략적 판단력을 갖출 수 있었다.

이 대결 이후 알파고는 한층 더 진화한다. 2017년 딥마인드는 알파고를 더욱 발전시킨 알파고 제로(AlphaGo Zero)와 알파제로(AlphaZero)를 선보였다. 특히 알파제로는 기존 인간 기보 데이터를 전혀 사용하지 않고 완전 자율학습만으로 바둑 실력을 최고 경지까지 끌어올린 획기적 방식을 도입한다. 실제로 알파제로는 사람의 수를 단 한 수도 참고하지 않고 백지

상태에서 스스로 대국하며 단기간에 기존 알파고를 능가하는 실력을 보여 주었다.

바둑의 기보를 학습하지 않아도 스스로 실력을 키울 수 있음을 입증한 알파제로는 바둑에만 국한되지 않고 본인의 영역을 넓혀 간다. 체스와 일본 장기의 규칙만 학습한 알파제로는 24시간 만에 세계 챔피언 프로그램들을 모두 제압하는 괴력을 보인다. 알파제로는 체스 세계 챔피언 프로그램 스톡피시(Stockfish)와 일본 장기 챔피언 프로그램 엘모(Elmo)를 상대로 연전연승을 거두었다. 이처럼 인간 지식에 의존하지 않고 순수한 자기 학습만으로 초인적인 능력에 도달한 알파제로의 등장은 보편적인 학습 능력을 갖춘 인공지능 등장 가능성을 보여 준 사례로 평가받았다.

알파고의 성공 이후 딥마인드는 인공지능을 인간 지식의 미개척 영역에 적용하기 시작했다. 그중 가장 눈부신 성과는 생명과학 분야에서 이뤄졌다. 딥마인드가 개발한 알파폴드(AlphaFold)는 단백질의 3차원 구조를 예측하는 인공지능으로, 50년간 생명과학계의 난제로 여겨진 단백질 접힘 문제에 도전했다.

단백질 접힘이란 단백질이 그 기능을 수행하기 위해 특정한 3차원 구조로, 자발적으로 접히는 과정이다. 이 구조를 정확히 예측하는 것은 신약 개발과 질병 치료에 결정적인 단서를 제공하지만, 너무나 복잡해서 인류는 그 긴 세월 동안 겨우 20만 개의 단백질 구조만을 밝혀냈다. 그런데 알파폴드는 불과 2~3년 만에 약 2억 개의 단백질 구조를 예측해 냈다. 이는 지구상에 알려진 거의 모든 단백질의 구조를 해독한 것이다. 학계에서는 50년간 풀지 못한 난제를 인공지능이 풀었다는 소식에 흥분을 감추지 않았고, 노벨상 수상자인 생화학자 벤카트라만 라마크리슈난(Venkatraman Ramakrishnan)은 이를 "수십 년 일찍 찾아온 놀라운 혁신"이라 평가하며, 생물학 연구의 판도를 바꿀 것이라고 극찬했다. (부록 참조)

알파폴드의 핵심은 챗GPT가 활용하는 딥러닝 알고리즘인 트랜스포머(Transformer) 알고리즘을 변형한 '에보포머(Evoformer)'에 있다. 이 시스템은 단백질 서열 정보를 입력받아 3차원 구조를 예측하고, 이를 반복적으로 개선하며 정확도를 높인다. 더욱 놀라운 것은 딥마인드가 이 기술을 전 세계에 공개했다는 점이다. 현재 190개국 이상에서 200만 명이 넘는 연구자들이 알파폴드를 활용하고 있다.

결국 2024년, 알파폴드를 만든 공로로 딥마인드의 CEO 데미스 하사비스(Demis Hassabis)와 연구 책임자 존 점퍼(John Jumper)가 노벨 화학상을 받았다. 점퍼는 화학 박사 출신이지만, 하사비스는 순수 컴퓨터 과학자이다. 컴퓨터 과학자가 순수 과학 분야에서 노벨상을 받은 것은 처음 있는 일이다. 이는 인공지능이 단순한 도구가 아닌, 과학적 발견의 주역으로 인정받은 것을 보여 주는 상징적인 사례이다.

2016년 알파고와 이세돌의 대결은 단지 바둑 한 판이 아니었다. 알파고의 등장은 인공지능 시대의 서막이었고, 이후의 혁신들은 인공지능이 게임뿐만 아니라 과학과 의학 등 현실 세계 문제까지 해결할 수 있다는 희망을 주었다. 또한 그 흐름을 타고 인공지능 분야에서는 계속된 혁신이 나오고 있다. 그리고 이제 인공지능은 인간의 지능에 정면으로 도전장을 던졌다.

인공지능의 마지막 도전장, 인간 지능을 넘보다

알파고의 열풍도 식어 가면서, 인공지능은 학계와 산업계에서는 계속해서 뜨거운 관심을 받았지만, 대중의 시선에서는 점차 멀어져 갔다. 그러던 2022년 말, 예상치 못한 새로운 바람이 불어온다. 오픈AI가 공개한 챗GPT의 등장이었다. 사람처럼 자연스럽게 대화하고, 복잡한 질문에도 놀라운 답변을 내놓는 이 인공지능은 순식간에 전 세계를 매료시켰다. 불과 출시 두 달 만에 월간 사용자 1억 명을 돌파하며 인터넷 역사상 가장 빠른 성장세를 기록한 것이다. 이는 단순한 기록 이상의 의미를 지닌다. 그동안 전문가들의 전유물로 여겨졌던 인공지능이 마침내 일반 대중의 손에 들어왔다는 신호탄이었다. 챗GPT는 대형 언어 모델이라는 새로운 패러다임을 세상에 선보였다. 글쓰기부터 번역, 코딩까지 다양한 분야에서 사람의 생각을 돕는 동반자로 자리 잡으며, 인공지능과 인간의 협업이라는 새로운 장을 열었다. 바야흐로 LLM 시대가 개막한 것이다.

트랜스포머라는 혁신적인 딥러닝 모델의 등장은 챗GPT와 같은 거대 언어 모델을 가능하게 만든 전환점이었다. 2017년 구글 연구팀이 발표한 이 알고리즘은 기존 딥러닝의 한계를 뛰어넘으며 새로운 길을 열었다. 마치 증기기관이 산업혁명의 시작을 알렸듯이, 트랜스포머는 인공지능의 새로운 혁명을 예고했다.

하지만 LLM의 화려한 언변 뒤에는 아킬레스건이 숨어 있었다. 이들은 다음에 올 단어를 예측하도록 설계되었기에, 인간처럼 단계적으로 추론하거나 상식을 활용하는 데 한계를 보였다. 마치 유창한 말솜씨를 가졌지만 깊이 있는 사고는 어려운 학생처럼 말이다. 챗GPT 3.5와 같은 초기 모델들이 복잡한 수학 문제나 논리 퍼즐에서 종종 실수를 저지른 것도 이 때문이다. 실제로 과거 챗GPT는 국제 수학 올림피아드 문제에서 13%라는 초라한 정답률을 기록했다. 유려한 언어 구사력과는 대조적으로, 깊이 있는 추론에서는 여전히 인간을 따라잡지 못하고 있었다.

하지만 인공지능 연구자들은 여기서 멈추지 않았다. LLM

의 치명적 약점이었던 추론 능력을 보완하기 위해, 새로운 도전을 시작한 것이다. 앞서 우리가 철학사와 인공지능의 발전 과정을 비교하며 살펴봤던 것처럼, 연결주의와 기호주의의 장점을 결합하려는 시도였다. 오픈AI를 비롯한 연구진은 CoT 기법과 강화 학습을 도입해 모델이 답을 내기 전에 논리적 사고 과정을 거치도록 훈련시켰다.

그 결과는 놀라웠다. 오픈AI의 'o1', 'o3'와 같은 추론 특화 모델이 탄생했고, 과거 챗GPT가 13%라는 초라한 성적을 거뒀던 시험에서 o1 모델은 83%라는 압도적인 정답률을 기록했다. 구글 딥마인드의 인공지능은 한발 더 나아가 국제 수학 올림피아드에서 은메달 수준의 성적을 거두었다. 이들은 수학과 과학 분야에서 박사 과정 학생급의 실력을 보였으며, 코딩 실력은 이미 국가대표급 수준에 도달했다.

더 충격적인 것은 인공지능이 인간 고유의 영역이라 여겨졌던 직관과 상식까지 흉내 내기 시작했다는 점이다. 다른 사람의 감정과 의도를 이해하는 '마음 이론' 테스트에서 챗GPT는 100%의 정답률을 기록했다. 인간 평균이 87%였다는 점을 감안하면 놀라운 성과다. 창의력 테스트에서도 상위 1% 수준을 기록하며, 인간의 마지막 보루라 여겨졌던 직관과 창의성마저 인공지능의 영역으로 넘어가는 형국이다.

인공지능의 추론 능력이 날로 발전하면서, 이들은 이제

인간의 지능을 직접적으로 겨냥하기 시작했다. 마치 스포츠 선수들이 새로운 기록에 도전하듯, 인공지능들은 다양한 인간 지능 벤치마크에 도전장을 내밀고 있다. 여기서 벤치마크란 특정 분야의 성능이나 품질을 측정하기 위한 표준화된 기준점을 의미한다. 인공지능계에서는 이 벤치마크를 통해 기계가 과연 인간 수준의 지능에 도달했는지를 가늠하고 있다.

추론과 문제 해결, 창의성 등 다양한 영역에서 펼쳐지는 이 도전은 마치 현대판 올림픽을 보는 듯하다. 수많은 인공지능이 각자의 분야에서 인간의 기록을 넘어서려 하고 있으며, 특정 벤치마크에서는 이미 보통의 인간을 뛰어넘어 박사급 인력 이상의 점수를 기록했다는 소식도 들려온다. 이 흥미진진한 대결 중에서 특히 주목할 만한 사례 두 가지를 살펴보도록 하자.

미국의 저널리스트이자 데이터 분석가인 맥심 로트(Maxim Lott)는 최근 흥미로운 실험을 진행하고 있다. 생성형 인공지능에게 노르웨이 멘사의 IQ 테스트를 풀게 한 것이다. 2025년 2월 기준*, 오픈AI의 추론 특화 모델 o1이 120에 가까운 IQ를 기록하며 가장 뛰어난 성적을 거뒀다. 인간의 평균 IQ가 100이라는 점을 감안하면, 이는 결코 가볍게 볼 수 없는 수치다.

---

* 맥심 로트는 주기적으로 실험을 지속하고 있으며, 그 결과는 TrackingAI.org 에서 확인 가능하다. 2025년 4월 1일 기준, 구글의 제미나이 2.5프로는 노르웨이 멘사 테스트 기준, IQ 130을 기록했다.

중국의 딥시크 역시 100을 넘기며, 인공지능이 이제 인간의 지능을 본격적으로 추격하기 시작했음을 보여줬다. 물론 로트의 실험이 학술적으로 완벽한 검증을 거친 것은 아니다. 하지만 우리에게 너무나 익숙한 IQ라는 잣대로 인공지능을 직접 평가했다는 점에서, 이 실험은 인공지능과 인간 지능의 관계에 대해 깊은 생각거리를 던져 준다. (부록 참조)

최근 인공지능계에서 주목받는 또 하나의 벤치마크가 있다. '인류의 마지막 시험(Humanity's Last Exam, HLE)'이라는 도발적인 이름의 이 평가는, 현재까지 개발된 벤치마크 중 가장 난도 높은 시험으로 평가받는다. 이는 인공지능이 전문가 수준의 사고력과 문제 해결 능력에 얼마나 근접했는지를 가늠하기 위해 설계되었다. 최신 인공지능들이 기존 벤치마크에서 90% 이상의 정답률을 기록하며 변별력이 떨어지자, 더 어려운 도전 과제가 필요했다.

HLE는 100개가 넘는 학문 분야에서 3,000개의 문제를 추출했다. 각 분야의 최고 전문가만이 풀 수 있는 수준의 객관식과 단답형 문제들로 구성되어 있다. 최신 인공지능들을 이 시험에 투입한 결과는 흥미로웠다. 중국의 딥시크가 9.4%의 정답률을 기록했고, 오픈AI의 추론 모델 'o3-mini-high'는 13%까지 점수를 끌어 올렸다. 여기서 끝이 아니었다. 오픈AI는 '딥 리서치(Deep Research)'라는 새로운 모델을 선보였다. 이 모델은 인터넷 검색 등 다양한 도구를 활용해 여러 단계의 조사 작업을 수행하는 시스템으로, 마치 인간 전문가처럼 리포트를 작성한다. 딥 리서치는 HLE에서 26.6%라는 놀라운 점수를 기록하며, 이전 최고 기록을 두 배 이상의 격차로 갈아치웠다. (부록 참조)

이러한 눈부신 발전을 목격하며, 많은 전문가와 업계 인사들은 '인공 일반 지능(AGI, Artificial General Intelligence)'의 등장을 진지하게 전망하고 있다. AGI는 정의하는 사람마다 조금씩 다르지만, 일반적으로 모든 분야에서 인간과 유사하거나 그 이상의 지능적 사고와 문제 해결 능력을 보이는 인공지능을 의미한다. 오픈AI의 CEO 샘 올트먼(Sam Altman) "2025년 안에 AGI 수준의 시스템이 등장할 수 있다"고 예측했으며, 클로드(Claude)*를 개발한 스타트업 앤트로픽(Anthropic)의 공동 설립자 다리오 아모데이(Dario Amodei) 역시 향후 3년 내 AGI 달성을 낙관하는 등, 업계 최고위 인사들은 AGI가 수년 안에 실현될 것으로 내다보고 있다.

여기서 흥미로운 사실 하나. 이 책을 쓰는 2025년 초와 독자 여러분이 읽는 시점 사이에도 인공지능은 쉬지 않고 진화

---

* 앤트로픽이 개발한 대규모 언어 모델인 클로드는 글쓰기와 복잡한 사고력에서 뛰어난 성능을 보인다. 특히 코딩 분야에서 정확도와 효율성으로 비교적 높은 점유율을 차지하고 있다.

했을 것이다. 어쩌면 지금, 이 순간에도 새로운 기록이 깨지고 있을지 모른다. 더 놀라운 건 발전 속도다. 그림에서 보듯 챗GPT 인공지능 모델의 지능은 기하급수적으로 성장하고 있다. 단순히 선형적으로 증가하는 것이 아니라, 가파른 상승곡선을 그리고 있는 것이다. 인공지능이 우리의 지능을 넘어서는 순간, 그다음은 과연 어떤 모습일지 상상조차 되지 않는다. (부록 참조)

물론 아직 갈 길이 멀다는 의견도 있다. 인공지능이 이제 시험 문제까지는 잘 풀지만, 여전히 일상적 상황 판단이나 물리적 직관력은 부족하다는 평가다. 하지만 발전 속도를 보면 이런 한계마저 곧 극복하지 않을까? 실제로 최근 등장한 인공지능들은 이미지와 음성을 이해하고, 3차원 공간을 인식하며, 로봇과 결합해 물리적 환경과도 상호작용하기 시작했다.

우리는 지금 인류 역사상 가장 흥미진진한 순간을 목격하고 있다. 인간의 지능을 뛰어넘는 존재가 등장할지도 모른다는 예측이 더 이상 공상과학 속 이야기가 아닌 시대를 살고 있다. 앞으로 5년, 어쩌면 더 가까운 미래에 어떤 모습이 펼쳐질지, 그 답은 시간만이 알고 있다.

그래서 우리는 인류가 쌓아 온 지혜의 창고인 인문학으로 눈을 돌려야 한다. 철학에서 역사, 문학에 이르기까지 인류가 남긴 지적 유산들 속에는 더 나은 인공지능을 만들기 위한 실마리가 숨어 있을지도 모른다. 이 책은 그 실마리를 찾아가는 여정이다.

인간의 실수, AI의 실수, 그 평행 이론

　인공지능은 이제 체스와 바둑을 넘어 고도의 추론과 창작까지 넘보고 있다. 알파고가 이세돌의 바둑을 뛰어넘은 지 채 10년도 되지 않아, 이제는 수학 올림피아드 문제를 푸는가 하면 시와 소설까지 쓰고 있다. 인류가 수천 년간 쌓아 온 지식을 순식간에 흡수하며 진화하는 모습이다.

　하지만 여기서 흥미로운 점을 발견하게 된다. 인공지능이 발전하는 과정에서 인류가 저질렀던 실수를 그대로 반복하고 있다는 사실이다. 마치 거울을 보는 듯한 이 기묘한 평행 이론은 우리에게 중요한 시사점을 던져 준다. 인공지능의 미래를 예측하기 위해서는, 먼저 인류의 과거를 돌아볼 필요가 있다.

　그렇다면 이제 한 과학자의 이야기부터 시작해 보자. 과학적 발견이라는 이름으로 어떤 선택을 했는지, 그리고 그것이 오늘날 인공지능 시대에 어떤 교훈을 주는지 말이다.

과학과 양심 사이

1771년 어느 겨울, 한 젊은 영국 자연학자가 배에 올랐다. 그의 이름은 헨리 스미스먼(Henry Smeathman). 18세기 후반은 유럽에서 자연 과학이 황금기를 맞던 시기로, 곤충학에 푹 빠진 이 청년은 미지의 세계를 향한 야망에 가슴이 부풀어 있었다. 당시 쟁쟁한 인물들의 후원 아래 스미스먼은 아프리카 시에라리온으로 떠난다. 당시 서아프리카는 유럽인들에게 죽음의 땅으로 불릴 만큼 위험한 곳이었지만, 스미스먼은 자연의 비밀을 밝혀내 영웅적인 과학자가 되겠다는 꿈을 안고 있었다.

1771년 12월, 스미스먼이 탄 무역선 '플라이(Fly)호'는 서아프리카 해안 시에라리온에 도착했다. 정글과 늪지로 이루어진 시에라리온에는 당시 상주하는 유럽인이 거의 없었다. 스미스먼은 현지 유력 지도자들에게 몸의 의탁할 수밖에 없었다. 그들에게 환심을 산 끝에 시에라리온 반도 남서쪽의 바나나 제도에 정착할 수 있었다. 밀림 한복판에서 스미스먼은 토착민들의 도움을 받아 오두막을 짓고 연구를 시작했다. 하지만 도착하고 몇 달이 지나지 않아 말라리아로 추정되는 열병에 시달리며, 죽을 고비를 넘기기도 한다.

악조건 속에서도 스미스먼은 과학적 성과를 이뤄 냈다. 그는 4미터가 넘는 거대한 흰개미 집을 부수고 들어가 그 내부 구조를 최초로 기록했다. 수만 마리 병정개미들이 물어뜯는 공격을 막아내며 스케치를 그렸다.(부록 참조) 곰팡이 재배지와 유충실, 여왕의 방까지 체계적으로 배치된 구조에 유럽 학자들은 경탄을 금치 못했다. 학자들은 흰개미들의 도시와 같은 조직적 사회에 경탄했고, 스미스먼은 이 분야의 선구자로 명성을 얻게 되었다. 또한, 식물 600종과 곤충 710종에 달하는 방대한 표본을 수집했는데, 한 후원자는 "내 집에 그 절반도 다 넣을 수 없을 정도"라며 비명을 질렀다고 한다.

그러나 스미스먼의 탐사 이면에는 심각한 윤리적 딜레마가 자리 잡고 있었다. 아이러니하게도 그의 탐험이 가능했던 것은 당시 서아프리카를 장악하고 있던 노예 무역 체제 덕분이었다. 그의 원정대를 후원한 인물들이 반노예제 성향을 보인 사람들이었음에도 불구하고, 정작 스미스먼이 현지에서 의지해야 했던 것은 노예 매매에 종사하는 상인들이었다. 실제로 스미스먼은 식량과 거처를 마련하고 탐사 장비를 조달하는 일까지 대부분 노예상의 손을 빌려야 했다.

원정 초기, 스미스먼은 도덕적 신념을 지키려는 듯 보였다. 현지 노예 무역상들을 경멸하기도 했으며, 지식과 교양을 갖춘 자신이 이 잔혹한 무역상들보다 도덕적으로나 지적으로나 우위에 있다고 여겼다. 게다가 그는 세상이 잘못 알고 있는 아프리카인들의 진실을 밝히겠다는 포부도 품고 있었다.

하지만 머나먼 이국땅에서 고립된 생활을 견디는 일은 쉽지 않았다. 시간이 흐르며 현실에 굴복하기 시작한 그는 한 걸음씩 타협에 타협을 거듭하기 시작했다. 처음에는 연구를 위한 장비와 물자를 얻기 위한 어쩔 수 없는 선택이었다. 하지만 점차 그는 노예상들의 세계에 동화되어 갔다. 저녁이면 그들과 카드 게임을 즐기고, 한적한 섬에 마련된 즉석 골프 코스에서 라운딩했다. 해변에서 술에 취해 염소 고기를 구워 먹는 연회를 벌이며 웃고 떠드는 자신을 발견하기도 했다.

더 충격적인 것은 그의 결혼 생활이었다. 현지 추장의 딸과 결혼하면 무역망 이용이 쉬워진다는 것을 알고 있던 그는, 첫 아내가 사망하자 곧바로 또 다른 추장의 딸과 재혼했다. 심지어 여러 아내를 동시에 두기도 했다. 하지만 그럼에도 그는 다른 노예상들이 아내를 학대하거나 너무 많이 거느리는 모습은 위선적으로 비난했다고 한다.

결국 스미스먼은 노예 무역에 직접 가담하는 지경에 이른다. 1774년경이 되자 아예 리버풀 기반의 노예 무역 회사 일을 돕게 된다. 자기합리화를 하며 그는 자신의 연구 장비를 얻기 위해 아프리카인들을 노예로 팔았다. 영국으로 돌아가는 길마저 노예선을 탔는데, 카리브해를 경유할 때 자신이 소유한 노예들을 팔아넘기는 것도 잊지 않았다.

아이러니하게도 영국으로 돌아온 스미스먼은 1786년, 노예제 폐지를 주장하며 시에라리온에 해방 노예들의 정착지를 만들자는 제안을 했다. 이 제안은 채택되어 '프리타운'이라는 식민지가 세워졌고, 이것이 오늘날 시에라리온 공화국의 시작이 되었다. 하지만 그는 이 정착 사업의 결실을 보지 못했다. 1786년, 44세의 나이로 열병에 걸려 세상을 떠나고 말았기 때문이다.

헨리 스미스먼의 유산은 오늘날까지도 엇갈린 평가를 받는다. 그의 흰개미 연구는 현대 곤충학의 중요한 초석이 되었고, 그가 채집한 표본들은 여전히 런던 자연사 박물관에 보관되어 있다. 하지만 동시에 그의 삶은 과학이라는 이름으로 자행된 윤리적 타락의 전형이라 할 수 있다. 과학적 발견을 위해서라면 어떤 수단도 정당화될 수 있다는 위험한 논리가 어떤 결과를 낳을 수 있는지, 그의 이야기는 생생하게 보여 준다.

우리는 그의 서사를 통해 하나의 질문을 던질 수 있다. "과학적 발전과 윤리적 책임은 어떻게 균형을 맞춰야 하는가?"

이 질문은 단순히 18세기의 과거사가 아니다. 250년이 지난 오늘날, 우리는 인공지능 산업에서 또 다른 형태의 노동 착취를 목격하고 있다. 기술의 발전이라는 명분 아래, 윤리적 고민이 다시 한번 후순위로 밀려나고 있는 것이다.

그렇다면 AI 시대의 노동 착취 문제는 어떤 모습으로 나타나고 있을까?

역사는 반복된다, AI 시대의 노동 착취

헨리 스미스먼의 이야기가 단순히 18세기의 오래된 역사로만 끝났다면 좋았을 텐데, 그렇지 않다. 시대와 기술은 바뀌었지만, 과학적 발견이나 혁신이라는 이름 아래 벌어지는 인권 침해는 여전히 진행형이다.

1990년대, 한 글로벌 기업이 큰 위기를 맞았다. 바로 나이키였다. "Just Do It"이라는 멋진 슬로건을 내걸었지만, 그들의 제품은 아시아 각국의 저임금 노동자들의 피와 땀으로 만들어지고 있었다. 캄보디아와 파키스탄의 공장에서는 미성년자들이 하루 16시간씩 일했고, 성인 노동자들도 최저임금에도 못 미치는 급여를 받았다. 결국 전 세계 소비자들의 격렬한 반발을 샀고, 나이키는 뒤늦게 노동환경 개선을 약속해야 했다.

30년이 지난 지금, 우리는 또 다른 형태의 노동 착취를 목격하고 있다. 이번에는 인공지능 시대의 첨단 기업들이 그 주인공이다. 2022년, 한 충격적인 보도가 세상에 전해졌다. 챗

GPT를 만든 오픈AI가 케냐의 저임금 노동자들을 고용해 충격적인 콘텐츠를 분류하게 했다는 것이다. 인공지능을 만드는 데 이런 노동자가 필요하다는 사실이 의아하게 느껴지지 않는가?

의문을 풀기 위해서는 챗GPT와 같은 LLM이 사용하는 RLHF, 인간 피드백을 통한 강화 학습을 이해할 필요가 있다. 이 방식은 인공지능의 응답 품질을 높이기 위해 사람이 직접 모델의 출력에 피드백을 제공하는 훈련 기법이다. 이를 통해 인공지능에게 어떤 내용이 부적절한지 가르치고 답변을 개선하지만 그 과정에서 사람들이 유해한 콘텐츠에 노출되는 문제가 발생한다. 기업들은 자체 직원 대신 아웃소싱 노동자를 고용하여 이런 유해 콘텐츠 분류 작업을 맡기곤 했는데, 이때 저임금 노동 착취와 인권 문제가 불거졌다.

챗GPT를 출시하기 전, 오픈AI는 모델이 유해 발언을 하지 않도록 훈련하기 위해 케냐의 데이터 라벨러*들을 고용했다. 이들은 극도로 폭력적이거나 충격적인 내용을 검열하는 업무를 맡았으며, 시간당 1.3~2달러의 낮은 임금으로 하루 종일 유해한 콘텐츠를 처리해야 했다. 이 과정은 마치 인공지능

---

* 인공지능 학습용 데이터에 정확한 태그와 분류를 부여하는 작업을 하는 사람을 뜻한다. LLM이 쓰는 강화 학습에서 데이터 라벨러는 인공지능 응답의 품질을 평가하고 순위를 매기는 중요한 역할을 담당하며, 이 피드백을 통해 인공지능이 인간의 선호도에 맞게 개선된다.

이 '윤리적 필터'를 갖추기 위해 인간이 그 역할을 대신 수행하는 듯한 모습이었다. 인공지능의 안전한 사용을 위한 필수 과정이라지만, 그 이면에는 감춰진 희생이 존재했다. 이들은 성적인 내용과 폭력적인 행위와 같은 극도로 충격적인 내용을 하루 종일 읽어야 했다. "그 일은 고문과 같았다." 한 노동자의 증언이다. 업무 후에는 악몽에 시달렸고, 끔찍한 장면이 계속 떠올랐다고 한다. 어떤 20대 노동자는 이 일을 한 뒤 성격이 완전히 바뀌어 가족까지 잃었다고 한다.

여기서 우리는 묘한 평행 이론을 발견하게 된다. 18세기 헨리 스미스먼이 과학 발전을 위해 노예 무역과 손을 잡았듯이, 21세기의 인공지능 기업들은 기술 혁신이라는 이름 아래, 제3세계 노동자들을 착취하고 있다. 우리가 매일 당연하게 사용하는 인공지능의 이면에는 이처럼 보이지 않는 희생이 있다. 챗GPT가 해서는 안 될 말을 하지 않도록 만드는 과정에서, 수많은 노동자가 정신적 트라우마를 겪어야 했다. 마치 헨리 스미스먼이 수집한 곤충 표본 뒤에 노예들의 고통이 숨어 있었듯이 말이다.

이야기는 여기서 끝나지 않는다. 오픈AI의 사례는 빙산의 일각에 불과했다. 다른 인공지능 기업들도 사마와 같은 아웃소싱 업체를 통해 비슷한 관행을 이어 가고 있었다. 대표적인 예가 스케일AI(Scale AI)이다. 이 기업은 자율 주행차, 인공지능 모델 학습용 데이터 라벨링을 대행하는 거대 업체로, 온라인 플랫폼을 통해 전 세계 프리랜서들을 고용해 왔다. 케냐도 그 거점 중 하나였고, 이 플랫폼에서 일한 많은 노동자는 저임금과 과도한 노동 시간에 시달렸다.

논란이 커지자, 이들 기업은 아프리카에서 행해 왔던 작업을 중단한다. 이 결정은 급작스럽게 이루어져, 수백 명의 직원들은 예고 없이 일자리를 잃었다. 스케일AI의 경우, 이메일 한 통을 보낸 후, 하루아침에 노동자들의 계정을 차단했다. 이 과정에서 일한 대가를 제대로 받지 못한 노동자들도 속출했다.

이제 노동자들이 움직이기 시작했다. 2023년, 케냐 나이로비에서 아프리카 콘텐츠 모더레이터 노조(African Content Moderators Union) 결성이 추진되었다. 이들은 일자리는 더 필요하지만, 안전하고 정당한 보수를 보장하는 노동을 요구하고 나섰다. 2024년 5월에는 케냐 기술 노동자 97명이 미국을 방문한 자국 대통령에게 공개서한을 보내기도 했다. 빅테크 기업들의 노동 착취를 중단하라는 요구였다. 하지만 기업들의 대응은 냉정했다. 한 아웃소싱 업체는 노조를 만들려던 주동자를 해고했다. 마치 250년 전 노예상들이 반란을 두려워했던 모습이 겹쳐 보인다.

다행히도 변화의 조짐은 보인다. 최근 케냐 법원은 페이스북의 하청업체에서 해고된 180여 명의 노동자들이 제기한 소송에서, 원청인 메타의 책임을 인정하는 판결을 내렸다. 외주화된 노동이라도 원청 기업이 책임져야 한다는 중요한 선례가 된 것이다.

역사는 되풀이된다고 했던가. 인공지능이라는 새로운 기술이 등장했지만, 그 이면에서 벌어지는 인권 침해는 과거의 그것과 너무나도 닮아 있다. 18세기의 헨리 스미스먼이 '과학적 발견'이라는 명분으로 노예제와 타협했듯이, 오늘날의 인공지능 기업들은 '기술 혁신'이라는 이름으로 제3세계 노동자들의 희생을 강요하고 있다.

그렇다면 우리는 무엇을 해야 할까? 인공지능의 발전이 또다시 인류의 어두운 역사를 반복하지 않으려면, 우리는 어떤 선택을 해야 할까? 그 답을 찾기 위해서는 더 깊은 고민이 필요하다. 기술의 발전이 인간의 존엄성을 해치지 않는 방향으로 나아가야 한다는 것, 그것이 바로 역사가 우리에게 주는 교훈이 아닐까?

합스부르크 유전병에 걸린 인공지능?

인공지능의 성능을 높이기 위해서는 똑똑한 알고리즘, 강력한 컴퓨터, 그리고 양질의 데이터가 필요하다. 마치 인간에게 두뇌와 몸과 경험이 필요한 것처럼 말이다. 지금까지는 케냐의 저임금 노동자들이 이 데이터를 정제하고 검증하는 숨은 조력자 역할을 해 왔다. 하지만 데이터 분야에서 더 큰 문제가 찾아왔다. 바로 데이터 고갈이다.

석유가 마르고 물이 바닥나듯, 인공지능이 학습할 데이터도 바닥을 보이기 시작했다. 마치 우리가 지하자원이 고갈될지 걱정하듯, 인공지능 연구자들은 이제 '데이터 고갈'을 걱정하기 시작했다. 그리고 그들이 찾아낸 해결책은, 아이러니하게도 300년 전 유럽의 한 왕가가 저질렀던 실수와 묘하게 닮아 있다.

일론 머스크는 2025년 1월 초 한 인터뷰에서 "우리는 사실상 지금까지 인간이 만들어 낸 모든 지식의 총합을 소진했다"라고 주장하며, 향후 인공지능 모델의 성능 향상을 위해서는 더 이상 새로운 인간 데이터가 공급되지 않으므로 오직 합성 데이터로 보충할 수밖에 없다고 강조했다. 머스크의 발언은 업계 전문가들의 견해와 일치한다. 챗GPT의 창시자 중 한 명인 일리야 슈츠케버 역시 "인터넷에 있는 양질의 텍스트는 이미 다 학습했다"고 이야기한 바 있다.

그래서 나온 해결책이 '합성 데이터(Synthetic Data)'이다. 인공지능이 스스로 데이터를 만들어 그것을 다시 학습하자는 것이다. 예를 들어 자율 주행차 학습을 위해 가상의 도로 상황을 만들어 내거나, 의료 인공지능 훈련을 위해 가상의 환자 데이터를 생성하는 식이다. 물론 이 과정에서 인공지능은 실제 데이터를 기반으로 가상의 데이터를 합성해 내게 된다. 구글, 오픈AI, 엔비디아 같은 기업들은 이미 이 방식을 적극 도입하고 있다.

또한, 현실의 데이터를 극히 구하기 힘들 경우에도 합성 데이터를 생성한다. 실제로 아프리카 나이지리아의 데이터 과학자들은 의복을 학습시키는 인공지능 모델을 개발하면서, 서양 의복 데이터는 많지만, 아프리카 의상 데이터가 거의 없다는 것을 알게 되었다. 그들은 부족한 아프리카 의상 데이터를 만들기 위해 인공지능의 힘을 빌리게 된다. 인공지능이 만들어 주는 가상의 아프리카 의상 데이터를 다시 인공지능에게 학습시키는 상황이 벌어지고 있다.

데이터가 부족해진 AI는 이제 스스로 데이터를 만들어 내고 있다. 하지만 이 방식이 과연 안전할까? 과거 합스부르크 왕가가 혈통을 유지하기 위해 근친혼을 반복했던 사례를 떠올려 보자. 삼촌과 조카가 결혼하고, 사촌끼리 결혼하는 일이 다반사였다. 가문의 힘을 유지하기 위해서라는 명분이었다. 오죽하면 "행복한 오스트리아여, 그대는 결혼하라!"라는 말로 이 가문의 결혼 정책을 표현할까? 그런데 몇 세대가 지나자 심각한 문제가 나타났다. 유전적 다양성이 급격히 떨어지면서 각종 기형과 질병이 나타난 것이다. '합스부르크 아래턱'이라 불리는 특유의 턱 모양이 대표적이다.

가장 유명한 사례가 스페인의 마지막 합스부르크 가문 출신의 왕, 카를 2세다. 그의 가계도를 보면 8명의 증조부모 자리에 단 4명의 실재 인물만 있다. 나머지는 중복이다. 이런 근친혼의 결과로 그는 심각한 턱 변형으로 제대로 씹지도 못했고, 말도 어눌했으며, 걷는 것조차 힘들었다. 결국 39세의 나이로 후사 없이 죽으면서 300년 넘게 이어진 스페인 합스부르크 왕조는 막을 내렸다.

마찬가지로, 인공지능이 자체 생성 데이터를 반복 학습하면 점점 더 왜곡된 결과를 만들어 낼 위험이 있다. 연구자들은 이를 '재귀의 저주(The Curse of Recursion)'라고 부른다.

최근 옥스퍼드 및 케임브리지 대학 연구진의 발표한 재귀의 저주 논문에서 합성 데이터 사용의 가장 큰 문제를 지적한다. 바로 '모델 붕괴' 현상이다. 이 현상은 인공지능 모델이 자신이 생성한 데이터를 반복해서 학습할 때 발생하는데, 작은 오류와 편향이 점차 누적되어 최종 모델의 출력이 점점 왜곡되는 현상이다. 이로 인해 생성된 콘텐츠와 실제 데이터 간의 괴리가 커지며, 모델이 현실을 부정확하게 표현하게 된다.

또한 한 실험에서도 이러한 현상이 나타났다. 한 연구진은 인공지능에게 손 글씨 숫자를 그리게 했다. 처음에는 실제 사람의 손 글씨를 학습한 인공지능이 꽤 그럴듯한 숫자를 그려 냈다. 하지만 이 인공지능이 자신이 그린 숫자를 다시 학습하고, 또 그것을 학습하는 과정을 반복하자 충격적인 일이 벌어졌다. 10회에서 30회 반복할수록 이미지의 선명도와 정확도가 크게 떨어진 것이다. 이 같은 결과는 인공지능이 자체 생성 데이터를 무분별하게 재학습할 경우, 품질 저하와 함께 시스템 전체의 붕괴로 이어질 수 있음을 경고한다.

그렇다면 이게 왜 심각한 문제일까? 현재 인공지능 기업들은 점점 더 많은 영역에서 합성 데이터를 활용하고 있다. 구글은 자율 주행차, 엔비디아는 컴퓨터 비전, 메타 역시 다양한 분야에서 합성 데이터를 적극적으로 활용하고 있다. 만약 이 과정에서 재귀의 저주가 발생한다면? 자율 주행차가 실제 도로에서 오작동을 일으키거나, 인공지능 의사가 엉뚱한 진단을 내릴 수도 있다.

이러한 위협에 대해 경고하는 학자들이 늘고 있다. UC 버클리(University of California, Berkeley)의 컴퓨터 과학자 하니 페리드(Hany Farid)는 "만약 인공지능이 자신의 산출물을 재학습한다면, 이는 마치 한 종이 오로지 자기 자신과 교배하는 것과 같아, 결국 그 종 전체가 붕괴할 것"이라고 경고했다. 여기에 더해 호주의 모내시 대학(Monash University)의 연구원인 제이선 사도스키(Jathan Sadowski)는 인공지능이 근친 교배로 인해 붕괴되고 있다며 '합스부르크 AI'라는 개념을 주창하였다. 그는 합스부르크 AI를 "합성 데이터를 반복적으로 학습해 기형적이고 그로테스크한 결과물을 만들어 내는 인공지능"이라 정의했다.

마치 합스부르크 가문이 근친혼으로 점점 더 기형적인 외형과 질병이 나타났듯이, 인공지능도 자기 복제를 거듭하다 보면 기이한 결과물을 만들어 낼 수 있다는 것이 일부 학자들의 우려이다. 실제로 일부 연구자들은 이미 인공지능 예술에서 이런 현상이 나타나고 있다고 경고한다. 인공지능이 그린 그림으로 다른 인공지능을 학습시키고, 또 그 결과물로 학습을 거듭하다 보니 점점 더 기괴하고 비현실적인 이미지가 나온다는 것이다. 물론 다른 전문가들은 이 문제가 과장되었거나 해결 가능한 문제라고 주장한다. 하지만 이들 역시 합성 데이터 사용이 성능 저하를 초래할 수 있다는 사실은 인정하고 있다.

문제는 합성 데이터를 완전 배제하기 힘들다는 점이다. 이미 인간의 데이터는 한계에 다다랐고, 인공지능이 새로운 영역으로 나아가라면 합성 데이터가 필수적이다. 결국 관건은 균형이다. 만약 합스부르크 왕가가 다른 가문과도 결혼을 적절히 허용했더라면 더 오래 번영하지 않았을까? 인공지능도 마찬가지다. 인간의 데이터와 인공지능의 합성 데이터를 적절히 섞어 가며, '근친의 저주'를 피해 가야 한다.

MIT 테크놀로지 리뷰는 2022년 발표한 '미래 10대 혁신 기술' 중 하나로 합성 데이터를 선정했다. 하지만 동시에 경고도 잊지 않았다. "합성 데이터는 양날의 검이다. 잘 쓰면 약이 되지만, 잘못 쓰면 독이 된다." 마치 왕가의 혈통처럼, 인공지능의 순수성만을 고집하다가는 오히려 인공지능 스스로를 망가뜨릴 수 있다. 과연 우리는 합스부르크 가문의 실수를 되풀이하지 않을 수 있을까?

오펜하이머와 제프리 힌턴의 평행 이론

　인공지능은 사람을 따라 한다. 마치 어린아이가 부모의 행동을 모방하듯, 선한 것도 나쁜 것도 모두 배워 간다. 그도 그럴 것이, 현재 인공지능의 주류는 인간의 경험을 토대로 스스로 규칙을 만들어 가는 방식이기 때문이다. 자연스레 인류가 남긴 발자취를 모두 따라가다 보니, 좋은 점은 물론 나쁜 점까지도 고스란히 흡수하게 된다.

　그래서일까? 인공지능은 놀라운 속도로 인류의 지능을 따라잡았지만, 동시에 우리의 약점도 빠르게 받아들였다. 사람이 거짓말을 하듯 인공지능도 할루시네이션을 보이고, 우리가 편견에 사로잡히듯 인공지능도 편향된 판단을 내린다. 더 큰 문제는 앞선 챕터에서 살펴본 것처럼, 인류가 역사에 남긴 악습들이 인공지능 세계에서도 그대로 되풀이된다는 점이다.

우리는 이런 현상을 평행 이론이라는 틀로 바라보았다. 그리고 이제 가장 소름 돋는 평행 이론 하나를 살펴보려 한다. 이는 워낙 중요한 부분이기에 별도로 분리했다. 바로 크리스토퍼 놀란(Christopher Nolan) 감독의 영화로도 유명한 원자폭탄의 아버지 로버트 오펜하이머(Robert Oppenheimer)와, 앞서 우리가 만난 인공지능의 대부 제프리 힌턴의 이야기다. 이들에게는 어떤 소름 돋는 평행 이론이 숨어 있을까?

맨해튼 프로젝트와 원자폭탄 개발

"이제 나는 죽음이 되었다, 세상의 파괴자가 되었도다."

1945년 7월 16일, 미국 뉴멕시코주의 한 사막. 인류 최초의 원자폭탄 실험이 성공한 순간, 로버트 오펜하이머는 힌두교 경전 바가바드기타(Bhagavad Gita)의 구절을 떠올렸다. 몇 주 뒤, 그가 이끈 맨해튼 프로젝트의 결실인 원자폭탄이 일본의 히로시마와 나가사키에 투하되었다. 10만 명이 넘는 사람들이 순식간에 목숨을 잃었다.

인류에 불을 가져온 '프로메테우스*'에 비견될 정도의 충격이었다. 첫 원자폭탄이라는 끔찍한 무기가 탄생하게 된 계기는 2차 세계대전이다. 미국은 나치 독일보다 먼저 핵분열을 무기화하기 위해 1942년 맨해튼 프로젝트를 시작한다. 오펜하이머는 비밀리에 로스앨러모스(Los Alamos)에 위치한 연구소를 이끄는 책임자로 임명되었다. 그의 지휘 아래 수백 명의 과학자들이 핵분열을 무기로 바꾸기 위해 치열한 연구에 몰두했다. 많은 기술적 난관이 있었지만, 오펜하이머의 리더십과 창의력으로 난관을 극복한 끝에 1945년 7월, 인류 최초의 핵실험인 '트리니티(Trinity)'가 성공한다. 오펜하이머가 프로메테우스로 등극하는 순간이었다.

오펜하이머의 창조물이 성공을 거두자, 그는 찬사를 받으며 '원자폭탄의 아버지'로 추앙받았다. 그러나 전례 없는 참상을 목격한 오펜하이머는 자신이 인류에 끼친 파괴의 무게를 뼈저리게 느끼게 된다. 특히, 나가사키에 떨어진 두 번째 폭탄은 군사적으로 불필요하다고 언급하며, 대규모 민간인 희생자에 관한 보고를 보고는 눈에 띄게 괴로워하며 신경 쇠약

---

* 그리스 신화에 등장하는 프로메테우스는 신들만의 특권이었던 불을 훔쳐 인류에게 전달한다. 이로 인해 제우스의 분노를 사 영원한 고문을 받지만, 인류에게는 문명과 기술 발전의 시작을 가져다준 영웅으로 여겨진다. 오펜하이머의 평전 《아메리칸 프로메테우스》는 그가 원자폭탄 개발로 인류에게 핵의 '불'을 가져왔으나, 그 결과 도덕적 고뇌와 정치적 박해라는 대가를 치렀다는 점에서 프로메테우스와 유사한 운명을 겪었음을 강조한다.

상태에 이르렀다는 이야기도 전해진다. 이후 1945년 10월, 해리 S. 트루먼(Harry S. Truman) 대통령을 만난 자리에서 오펜하이머는 이렇게 말했다.

"제 손에 피가 묻었습니다."

이 유명한 고백은 자신이 개발에 기여한 무기가 초래한 결과에 대해 그가 느낀 죄책감의 깊이를 보여 준다. 하지만 트루먼은 자신이 더 많은 피의 짐을 지고 있다며, 결과를 한탄하는 오펜하이머를 측근에게 '울보'라고 비난하였다.

두 천재 과학자의 후회

약 80년이 지난 2024년, 또 다른 과학자가 충격적인 발언을 했다.

"앞으로 30년 이내에 인공지능이 인류를 멸망시킬 수 있습니다. 그 확률이 10~20%는 됩니다."

딥러닝의 대부이자, 노벨 물리학상을 받은 제프리 힌턴이었다. 노벨상을 받기 전인 2023년, 75세의 나이로 구글을 떠나며, 그는 이미 인공지능의 위험성을 경고했었다. 한때 인공지능의 가능성을 열렬히 전파하던 힌턴은 이제 인공지능의 위협을 가장 경고하고 나서는 전문가가 되었다.

두 천재 과학자의 삶은 시대를 뛰어넘어 놀랍도록 닮아

있다.

한 사람은 핵물리학의 혁명을, 다른 한 사람은 인공지능의 혁명을 주도했다. 하지만 과학적 발견이 가져온 결과를 마주하며, 두 사람은 비슷한 깨달음을 얻게 되었다.

오펜하이머는 자신이 만든 무기가 초래한 참상을 목격하며 책임감과 후회를 느꼈고, 힌턴은 자신이 개발한 인공지능이 예상보다 빠른 속도로 발전하며 인간의 통제를 벗어날 가능성에 강한 두려움을 표했다.

그리고 두 사람 모두, 과학의 책임과 기술의 통제 문제를 강력히 주장했다.

1949년, 소련이 첫 원자폭탄 실험에 성공했다. 그러자 미국 정부와 일부 과학자들은 원자폭탄보다 훨씬 파괴력이 큰 수소 폭탄을 개발해야 한다고 촉구했다. 하지만 오펜하이머는 반대했다. 그는 이 슈퍼 폭탄이 도시를 말살하는 대량 학살 무기에 불과할 것이라 믿었고, 미국은 핵무기 경쟁을 촉발하기보다는 전술 핵무기를 개선하고 국제 군비 통제에 집중해야 한다고 주장했다. 하지만 그의 경고는 무시됐다.

오히려 정부 내 강경파들과 대립만 불러왔다. 1950년 초 트루먼 대통령은 수소 폭탄 개발을 지시했고, 1952년 11월 시험에 성공한다. 미국과 소련의 핵무기 경쟁이 시작되었다. 그리고 오펜하이머는 탄압을 받는다. 수소 폭탄 반대 입장과

1930년대 있었던 좌파 동료들과의 정치적 연계는 그를 궁지로 몰았다. 결국 핵무기 연구에 대한 그의 보안 허가는 취소되었고, 정부 정책 결정에서 배제된다. 그 후 몇 년 동안, 오펜하이머는 핵확산 위험에 대해 경고하며 이에 대응하기 위한 협회 설립에도 기여한다. 하지만 그는 결국 통제되지 않은 핵무기의 확산을 목도할 수밖에 없었다.

힌턴도 비슷한 길을 걷고 있다. 구글을 떠난 그는 "인류가 처음으로 자신보다 더 똑똑한 존재를 만들어 내고 있다"며 경고했다. "더 똑똑한 존재가 덜 똑똑한 존재의 통제를 받는 경우가 자연계에 있던가요? 부모가 아이를 키우는 경우밖에 없죠. 그것도 일시적입니다." 그의 물음은 섬뜩하다.

힌턴이 가장 우려하는 것은 인공지능이 우리가 감당할 수 있는 속도보다 훨씬 빠르게 발전하고 있으며, 결국 초지능 인공지능이 인간의 통제를 벗어날 수 있다는 점이다. 그는 구글에서 퇴사하고, 노벨 물리학상을 받은 후 가진 수많은 인터뷰와 공개 성명에서 인공지능으로 인한 인류의 멸종 가능성을 거침없이 제기하고 있다.

오펜하이머가 로스앨러모스를 떠난 후 규제 강화를 외쳤던 것처럼, 힌턴 역시 정책적 조치를 촉구하고 있다. 그는 이익을 추구하는 빅테크 기업에 인공지능 개발을 맡기게 되면 안전한 개발을 보장하기에 부족하다고 경고한다. 대신, 그는 인공지능 연구의 진행을 늦추고 안전장치를 마련하기 위해 정부 규제와 국제 협력이 필요하다고 촉구한다. 대부의 경고이기에 그의 발언은 늘 언론의 헤드라인을 장식하지만, 인공지능 기술 개발을 위해 전 세계가 국가적 차원에서 달려들고 있는 현시점에서 그의 목소리는 그저 공염불에 가깝게 느껴진다.

두 평행 이론의 결말은?

사실 평행 이론은 이 두 천재 과학자에게만 국한되지 않는다. 원자폭탄과 인공지능을 둘러싼 주변에서도 평행 이론을 목격할 수 있다. 원자폭탄이 전쟁에서 사용되기 전부터, 맨해튼 프로젝트에 참여한 일부 과학자들은 자신들이 만들어 낸 무기에 대해 불안감을 느끼기 시작했다. 1945년 7월, 물리학자 레오 실라르드(Leo Szilard)는 미국 정부에 원자폭탄 사용 전, 미리 일본에 항복할 기회를 부여하거나 무인도에서의 공개 실험으로 위력을 먼저 알려야 한다는 내용의 청원서를 제출했다. 이것이 바로 역사에 남은 '실라르드 청원서(Szilard Petition)'이다. 이 청원서에는 70여 명의 과학자들이 서명했으며, 이들은 폭탄을 민간인에게 사용하기 전에 반드시 경고하거나 시연할 것을 촉구했다.

하지만 이 청원서의 확산을 막은 것이 아이러니하게도 오펜하이머였다. 당시 그는 로스앨러모스 연구소 내에서의 청원서 배포를 막으며, 과학자들이 정치적 결정에 개입하는 것을 피하고자 했다. 결국 이 청원서는 트루먼 대통령에게 제때 전달되지 못했다.

2017년, 인공지능 연구자들은 캘리포니아 아실로마(Asilomar)에 모여 AI의 윤리적 문제를 논의하며, 23개의 '아실로마 AI 원칙'을 발표했다.

이 원칙은 핵무기 개발 초기 과학자들이 작성했던 실라르드 청원서와 유사한 역할을 했다. 실라르드 청원서는 원자폭탄이 실전에 사용되기 전에 경고와 규제가 필요하다는 메시지를 담았지만, 결국 미국 정부의 결정에 영향을 미치지 못했다.

아실로마 AI 원칙도 마찬가지였다. 스티븐 호킹, 일론 머스크, 데미스 하사비스, 요슈아 벤지오 등이 서명하며 AI 개발의 윤리적 가이드라인을 제시했지만, 각국 정부와 기업들은 AI 기술 경쟁에 더욱 박차를 가했다.

흥미롭게도, 힌턴은 이 원칙에 서명하지 않았다. 그리고 몇 년 후, 오펜하이머가 핵무기의 위험성을 경고했듯이, 힌턴은 AI의 위험을 강력히 경고하는 목소리를 내기 시작했다.

아실로마 AI 원칙은 전문가들이 잠재적 위험을 선제적으로 경고했다는 점에서, 인공지능 분야의 실라르드 청원서와 같은 역할을 했다고 볼 수 있다. 하지만 이러한 원칙에도 불구하고, 수많은 기업과 강대국들은 앞다투어 인공지능 개발 경쟁에 뛰어들었다. 심지어 구글을 비롯한 여러 인공지능 기업은 인공지능 기술을 군사무기화하려는 움직임까지 보인다. 실라르드 청원서처럼, 아실로마 AI 원칙 역시 전문가들의 목소리가 공허한 메아리로 남게 된 것이다.

그리고 아실로마 AI 원칙에 서명하지 않은 힌턴은 2023년 구글 퇴사 후 인공지능의 위험성을 적극 경고하고 있으며, 정부 규제와 국제적 협력의 필요성을 강조하고 있다. 이는 오펜하이머가 실라르드 청원서는 거부했지만, 이후 핵무기 통제를 외쳤던 장면과 놀랍도록 닮아 있다.

역사는 되풀이된다고 했던가. 한 명은 원자의 힘을, 다른 한 명은 인공지능의 힘을 열었다. 둘 다 그 힘이 인류의 통제를 벗어날까 두려워했다. 오펜하이머는 결국 핵무기의 확산을 막지 못했다. 과연 힌턴의 경고는 어떤 운명을 맞게 될까?

인류는 이제 또 하나의 거대한 기술적 전환점 앞에 서 있다. 하지만 이번에는 양상이 다르다. 핵무기는 인간이 직접 통제할 수 있는 물리적 무기였지만, 인공지능은 스스로 학습하고 진화할 수 있는 기술이다.

그렇다면, 인류는 인공지능을 안전하게 통제할 수 있을까? 과거 오펜하이머가 핵무기의 확산을 막지 못했던 것처럼,

힌턴의 경고도 무시될 가능성이 크다.

    이런 질문들은 이제 SF 영화 속 상상의 영역을 벗어났다. 영화와 소설에서만 상상했던 인공지능의 인류 지배가 어쩌면 현실이 될 수도 있다. 인공지능의 미래를 논의할 때, 과학자들뿐만 아니라 SF 작가들이 던진 질문들도 중요한 시사점을 제공한다. 수십 년 전부터 SF 작품들은 인공지능이 인간 사회에 미칠 영향을 다양한 방식으로 탐구해 왔다. 영화 〈매트릭스〉의 감독들이 〈공각기동대〉에서 영감을 받았듯이, 우리는 SF 작품들이 인공지능의 미래에 대해 어떤 경고와 통찰을 남겼는지 살펴볼 필요가 있다. 어쩌면 거기에 앞으로 우리가 어떤 자세를 취해야 할지에 대한 힌트가 숨어 있을 수 있다.

chapter 4

AI, SF와 만나다

신화에서 SF까지, 인공지능을 꿈꾸다

 우리는 지금까지 인공지능의 발자취를 하나하나 좇아왔다. 기계로 지능을 구현하려는 인류의 도전은 눈물겹도록 처절했다. 수많은 철학적 담론이 쌓여 왔고, 때로는 인류의 오래된 실수를 그대로 답습하기도 했다. 그리고 이제 우리는 두려움 앞에 서 있다. 인공지능이 우리의 일자리를 빼앗지는 않을까? 더 나아가 기계가 인류를 지배하는 건 아닐까? 이런 걱정은 더 이상 영화 속 상상이 아니다. 노벨 물리학상을 받은 인공지능의 대부마저 경고의 목소리를 높이는 상황에서, 우리의 불안은 날로 커져만 간다.
 이럴 때일수록 인류가 남긴 지혜의 흔적을 찾아볼 필요가 있다. 인공지능은 21세기의 첨단 기술로 여겨지지만, 그 근원은 인류의 오랜 꿈에서 시작되었다. 태곳적부터 인간은 생명을 불어넣은 존재들의 이야기를 만들어 왔다. 조각상이 움직이고, 인형이 말을 건네며, 금속으로 만든 사람이 생각하고 행동하는 이야기들이 고대 신화와 문학 곳곳에 등장한다. 당시에는 이런 존재들이 마법이나 신의 힘으로 탄생한다고 여겨졌지만, 그 모습은 오늘날 인공지능과 놀랍도록 닮아 있다. 우리 인류는 이렇게 창조한 존재를 사랑하면서도 두려워했고, 그 과정에서 발생하는 윤리적 딜레마까지 고민했다.

인공지능은 인간의 손으로 만들어진다. 과거의 신화와 문학 역시 인간이 써 내려갔다. 앞으로 우리가 만들어 갈 인공지능 또한 인류가 그간 상상해 온 존재와 크게 다르지 않을 수 있다. 다시 말해, 우리가 만든 이야기 속에서 미래 인공지능의 모습을 엿볼 수 있다는 뜻이다. 어쩌면 거기서 우리는 중요한 실마리를 찾을 수 있다. 작품 속 인류는 인공지능과 같은 존재를 어떻게 대했을까? 먼저 고대로 거슬러 올라가 보자.

고대 신화 속 인공 생명

고대 신화에는 인공적으로 생명을 얻은 존재들이 자주 나타난다. 그리스 신화에서 대장장이 신인 헤파이스토스는 스스로 움직이는 황금으로 된 시녀들을 만들어 자신의 작업을 돕게 했다. 또한 제우스의 명으로 청동 거인 탈로스(부록 참조)

를 만들어 크레타섬을 침략자로부터 지키게 했다. 탈로스는 하루 세 번 크레타섬을 순찰하며 외부 침입을 막는 현대의 자동 경비 시스템과 닮았다. 발목의 못이 뽑히면 기름처럼 흐르는 액체가 새어 나와 죽는다는 설정은 마치 현대 로봇의 전원이나 윤활유를 연상시킨다. 실제로 다수 연구자들은 탈로스를 문학사에 등장하는 최초의 로봇 개념으로 보고 있다. 다만 인도 문학의 로봇 이야기가 더 오래되었다고 주장하는 학자들도 있어 이 부분은 논쟁의 여지가 있다.

신화 속 존재들은 상상의 영역에 머물렀지만, 시간이 흐르면서 인간은 실제로 '움직이는 기계'를 만들기 시작했다.

동양의 전설에서도 자동기계에 대한 흥미로운 기록이 남아 있다. 전국시대의 《열자》에는 기원전 10세기에 주나라 목왕 앞에서 한 발명가가 정교한 자동인형을 선보였다는 기록이 있다. 물론 신화적 요소가 가미되어 있지만, 이야기 속 자동인형은 오늘날의 기준으로 보면 완벽한 휴머노이드 로봇이다. 더 흥미로운 건 목왕의 반응이다. 사람처럼 움직이는 자동인형을 본 그는 놀라움과 공포에 휩싸여 인형을 죽이려 했다고 한다. 약 3,000년 전에 이미 인조인간의 개념이 존재했고, 그에 대한 경이로움과 두려움이 동시에 묘사되었다는 점은 시사하는 바가 크다.

고대 인도 문학에서도 인공지능을 연상시키는 존재들이

등장한다. 기원전 4세기부터 이어진 산스크리트 문학에는 자율적으로 움직이는 기계, 인간을 대신하는 자동장치 이야기가 반복적으로 등장한다.

일부 학자들은 이를 '고대 인도의 로봇 설화'라고 부르며, 그리스 신화의 탈로스보다 훨씬 앞선 개념이라고 주장하기도 한다. 다만, 신화와 역사가 혼재되어 있어 기술적 구현 여부는 논란의 여지가 있다.

한 불교 일화는 특히 흥미롭다. 기원전 5세기, 마가다국의 아자타샤트루(Ajatasatru) 왕이 부처님의 사리를 몰래 훔쳐 봉안한 뒤, 이를 지키기 위해 기계 수호자들을 만들었다는 이야기다. 왕은 로봇 기술자들을 불러 모아 침입자를 자동으로 감지하고 공격하는 무장 자동인형 군대를 제작했고, 이 자동인형들은 왕이 죽은 후에도 200년이 넘도록 사리를 완벽하게 지켜 냈다고 전해진다. 이 설화는 고대인들이 이미 인공지능 병기와 같은 발상을 했음을 보여 준다. 더욱 놀라운 것은 로마인 기술자가 인도로 도망치자, 자동인형 자객을 보내 처단하는 대목이다. 현대 SF 영화에 나오는 첩보전 못지않다.

산스크리트 문헌에는 이 외에도 집안일을 돕고, 경비를 서고, 심지어 악기까지 연주하는 자동인형 이야기가 가득하다. 흥미로운 점은 인도 문학의 이런 로봇 개념이 그리스 신화의 탈로스로 대표되는 서양보다 1,000년 이상 앞선다는 사실이다. 나아가 일부 학자들은 이런 설화가 '기계에도 영혼이 있는가?'라는 인도 철학의 근본적 질문을 제기했다고 지적한다. 오늘날 우리가 고민하는 인공지능 윤리를 미리 내다본 셈이다.

기계로 구현되기 시작한 오토마타

이슬람 황금시대의 학자들은 한 걸음 더 나아가, 상상을 현실로 만들었다. 그들은 단순히 문헌 속에서 기계를 묘사하는 것에 그치지 않고, 실제 동력을 갖춘 자동 장치를 제작했다. 9세기의 바누 무사 형제는 자동 수력 오르간과 자동 플루트 연주기를 제작했고, 12~13세기에는 전설적인 발명가이자 예술가, 엔지니어인 이스마일 알 자자리(Ismail al-Jazari)가 등장한다. 그는 살아 있는 존재를 본떠 만든 움직이는 기계 장치, 즉 오토마타(Automata)를 설계하고 제작했다. 자동 음악가 보트, 음료 서빙 오토마타, 세면용 자동 오토마타 등이 대표작이다. 특히 자동 음악가 보트는 호수를 떠다니며 4명의 오토마타가 공연하는 정교한 장치였는데, 그 움직임이 너무나 정교해서 일종의 프로그래밍이 들어갔을 것이라는 추측까지 나온다. (부록 참조)

알 자자리는 공학적으로도 큰 혁신을 이뤄 냈다. 그가 발명한 크랭크축 시스템은 훗날 증기기관과 내연기관의 토대가 되었다. 그가 남긴 《기계 장치의 지식서》에는 약 60개 장치의 제작법이 상세히 기록되어 있는데, 실제로 그는 아나톨리아 왕조 궁정에서 이 기계들을 직접 제작하기도 했다. 이 서적은 유럽으로 전해져 르네상스 시기 기계공학 발전에 큰 영감을 주었고, 레오나르도 다 빈치(Leonardo da Vinci)의 설계도에서도 알 자자리의 영향을 엿볼 수 있다.

무엇보다 이슬람 황금시대 학자들의 발명품은 당시 문화에 지대한 영향을 미쳤다. 이슬람의 걸작 《천일야화》에는 알 자자리와 무사 형제의 발명품에서 영감을 받은 이야기가 곳곳에 등장한다. 자동으로 피리를 연주하는 오토마타나 황동 기사 이야기는 과학적 발명과 상상력이 결합한 초기 과학소설(Proto-SF)의 면모를 보여 준다.

중세 유럽에도 인공 인간과 관련된 흥미로운 전설들이 전해진다. 10세기의 교황 실베스터 2세(Pope Sylvester II), 13세기 영국의 로저 베이컨(Roger Bacon), 그리고 철학자 알베르투스 마그누스(Albertus Magnus) 등이 인공지능의 선구자격인 자동인형을 만들었다는 이야기다. 이들 전설에는 공통으로 '말하는 금속 머리(Brazen Head)'가 등장한다. 동이나 황동으로 만든 인간의 머리가 예언하거나 질문에 답했다는 것이다. 물론 사실 여부는 확실치 않지만, 이런 이야기는 당시 사람들도 생각하는 기계를 꿈꿨음을 보여 준다.

르네상스에 이르러 엔지니어링 기술이 발전하면서 유럽에서도 실제 오토마타를 만드는 시도가 이어졌다. 1739년, 자크 드 보캉송(Jacques de Vaucanson)은 먹이를 먹고 배설까지 하는 기계 오리를 선보여 세상을 놀라게 했고, 1770년대에 활동한 피에르 자케 드로(Pierre Jaquet-Droz)는 음악을 연주하고 글을 쓰는 기계인형 세 자매를 만들어 유럽 왕실을 경탄케 했다.

이런 기계들은 비록 문학 작품 속 이야기는 아니었지만, 사람들이 상상 속에서 그리던 기계 인간을 현실의 기술로 구현하려는 시도였다는 점에서 의미가 크다. 이런 시대적 분위기 속에서 인간처럼 행동하고 사고하는 오토마타는 자연스레 문학의 중요한 소재로 자리 잡게 된다.

신화에서 문학으로, 그리고 영화로

산업혁명이 일어나고 과학이 발전하면서 인간이 직접 기계를 만들어 내자, 문학과 예술 작품에는 창조된 존재들의 이야기가 폭발적으로 쏟아져 나왔다. 이전 시대의 신화나 전설이 주술이나 신의 힘을 빌려야 했다면, 이제는 과학과 기술이 만들어 낸 새로운 창조물이 주인공으로 등장했다. 이런 문학 속 인조인간들은 오늘날의 인공지능과 직접적으로 맞닿아 있다. 인간과 기계의 경계는 어디인지, 감정과 의식을 가질 수 있는지, 창조에 따른 책임은 누구에게 있는지 등 인공지능 시대의 핵심 질문들을 생생하게 담고 있다. 더욱이 현대에 들어서면서 영상 매체가 대중화되자, 문학 속 인공 인간은 영화와 드라마를 통해 한층 더 생생하게 우리 곁으로 다가왔다.

이처럼 고대부터 이어져 온 인공 생명체 이야기들에는 몇 가지 공통된 주제가 흐른다. 가장 먼저 눈에 띄는 것은 사랑과 교감이다. 수많은 작품에서 인간은 인공 인간과 사랑하고 교감하려 한다. 사랑받기를 갈망하는 창조물과 창조물을 사랑하는 인간의 이야기는 고대부터 현재까지 계속해서 반복되며, 우리에게 감정의 본질을 묻고 있다.

하지만 인간은 자신이 만든 존재에 대해 사랑만큼이나 두려움도 느낀다. 창조물이 통제를 벗어날 것이라는 공포는 시대를 가리지 않고 나타난다. 이는 현대의 인공지능 논의에서도 마찬가지다. 인공지능이 지능을 갖추고 자율성을 얻게 되면, 인간의 의지와 충돌하거나 통제를 벗어나 위험이 될 수 있다는 시나리오는 이제 더 이상 SF 영화 속 상상이 아닌 현실로 다가오고 있다.

인공지능은 신화에서 현실로 걸어 나온 지 오래다. 하지만 흥미롭게도 신화와 현실의 거리가 좁혀질수록, 우리는 오히려 옛이야기 속에서 해답을 찾게 된다. 수천 년을 이어 온 이야기들 속에서 우리는 창조물을 사랑하기도 하고, 두려워하기도 했다. 그렇다면 앞으로 우리는 인공지능과 어떤 이야기를 써 내려가게 될까? 이 답을 찾기 위해 먼저 인공지능을 사랑했던 주인공들의 이야기부터 살펴보자.

인공지능을 사랑한 인류

과거부터 이어진 기계에 대한 사랑

사랑이라는 감정은 참 묘하다. 그래서일까? 인류는 지금까지도 사랑을 다룬 문학과 노래, 영화를 끊임없이 만들어 내고 있다. 인간의 이 복잡한 감정에 대해서만 글을 쓴다면 아마도 수십 권의 책이 나올 것이다. 하지만 여기서는 조금 다른 이야기를 해 보려 한다. 바로 생명이 없는 것에도 애착을 느끼는, 인간만의 특별한 감정에 대해서 말이다.

어린 시절 아끼던 인형이나 장난감을 떠올려 보자. 그것들은 분명 무생물이었지만, 우리는 그들과 대화하고 감정을 나누었다. 실제 연구에 따르면 어린아이들의 약 70%는 담요나 장난감 같은 무생물 대상에 강한 애착을 형성한다고 한다. 우리 집의 악동도 자동차에서 로봇으로 변신하는 장난감에

상당한 애착을 쏟고 있다. 그렇다면 과연 유아기에만 이런 감정이 나타나는 것일까?

성인들도 비슷한 모습을 보인다. 영국 폭스바겐의 설문조사에 따르면, 운전자 3명 중 1명은 자신의 자동차에 별명을 붙이는 것으로 나타났다. 자동차가 단순한 이동 수단을 넘어 우리와 유대감을 형성한다는 사실을 알 수 있다. 여기에 인공지능이 최근 가세했다. 스마트폰의 인공지능과 대화하고, 챗GPT에 고민을 털어놓는 일이 자연스러워졌다. 때로는 그들과 감정적 교감까지 느낀다. 그러면 여기서 드는 의문 하나, 정말 인간이 기계를 사랑할 수 있을까?

인간이 기계나 인공 존재에게 감정을 느끼는 것은 결코 새로운 현상이 아니다. 고대 신화에서도 '창조된 존재'와 인간의 관계를 탐구하는 이야기가 등장한다.

그리스 신화의 피그말리온 이야기는 "인간이 스스로 만든 존재를 사랑할 수 있는가?"라는 오래된 질문을 던진다. 조각가 피그말리온은 자신의 이상형을 조각했고, 그 조각상에 사랑을 느껴 생명을 불어넣기를 기원했다. 이를 지켜보던 사랑의 신 아프로디테는 조각상을 사람으로 만들어 줬고, '갈라테이아'라는 이름을 얻은 조각상은 피그말리온과 결혼하게 된다.

이 신화는 이후 "기계 인간이 감정을 가질 수 있는가?"라는 논의로 발전하며, 19세기와 20세기 문학에서도 다양한 형태로 변주된다.

특히 산업혁명 이후 기계가 등장하며, 19세기 이후 많은 소설에서는 인간과 인간이 만든 존재 사이의 사랑을 상상력 풍부하게 그려 냈다. 동화에서부터 SF에 이르기까지 다양한 작품들은 "만약 기계에 마음이 있다면? 인간은 기계를 사랑할 수 있을까?"라는 질문을 던졌다.

수많은 작품 중에서도 인간이 만든 창조물 이야기의 대명사를 꼽으라면 단연 피노키오일 것이다. 19세기 말 이탈리아 작가 카를로 콜로디(Carlo Collodi)의 동화 《피노키오의 모험》은 나무로 깎아 만든 꼭두각시 인형 이야기를 들려준다. 늙은 목수 제페토가 만든 피노키오는 진짜 인간 아이가 되어 아버지의 사랑을 받고 싶어 한다. 수많은 시련과 유혹을 이겨 내며 용기와 성실함을 증명한 끝에, 마침내 그는 마법의 도움으로 인간이 된다. 얼핏 보면 아이와 부모의 평범한 사랑 이야기 같지만, 그 안에는 더 깊은 의미가 숨어 있다. 인간이 만든 인공의 존재도 감정을 느끼고 사랑받을 자격이 있다는 것이다.

같은 시기 미국에서도 비슷한 이야기가 탄생했다. 바로 《오즈의 마법사》에 등장하는 양철 나무꾼이다. 그는 원래 평범한 나무꾼이었지만, 마법에 걸려 온몸이 양철로 바뀌고 만다. 이후 그는 자신에게 심장이 없다고 믿으며 진짜 감정을 느끼고 싶어 한다. 그래서 '캔자스 외딴 시골집에서 어느 날

잠을 자고 있을 때 무서운 회오리바람 타고' 날아온 도로시와 함께, 각자의 소원을 품은 동료들과 어울려 오즈의 마법사를 찾아 나선다.

흥미로운 건 양철 나무꾼의 모순된 모습이다. 그는 심장이 없다며 슬퍼하지만, 이미 누구보다도 따뜻한 마음을 가진 존재로 그려진다. 쉽게 눈물을 흘리고 친구들을 걱정하는 그의 모습은, 기계라 해도 인간 못지않은 감정을 지닐 수 있다는 은유가 아닐까? 결국 그는 마법사에게 심장을 선물 받지만, 진정한 인간성은 이미 그의 내면에 있었다는 교훈을 우리에게 전한다. 이처럼 19~20세기 초의 이야기들은 기계나 인형도 인간처럼 느끼고 사랑할 수 있다는 상상력을 품고 있었다.

마지막으로 한 작품을 더 살펴보자. 이번에는 앞서 본 동화들과는 사뭇 다른, 기묘한 분위기의 이야기다. 1816년 독일의 작가 E. T. A. 호프만(E.T.A. Hoffmann)이 발표한 단편 소설 《모래 사나이(The Sandman)》다. 이 작품에는 매혹적인 여인 올림피아가 등장한다. 사실 우리에게는 이 소설보다, 자크 오펜바흐(Jacques Offenbach)가 각색한 오페라 〈호프만 이야기(The Tales of Hoffmann)〉가 더 친숙할지도 모른다. 특히 조수미가 부른 올림피아의 〈인형의 노래〉는 많은 이들의 기억에 남아 있다.

하지만 원작 《모래 사나이》는 오페라보다 훨씬 더 충격적인 결말을 담고 있다. 이야기의 주인공 나다나엘은 이웃집에 사는 올림피아를 보고 첫눈에, 사랑에 빠진다. 말수는 적지만, 그의 이야기에 온화하게 미소 짓고 귀 기울여 주는 올림피아에게 점점 더 깊은 감정을 느낀다. 하지만 곧 충격적인 진실이 드러난다. 올림피아는 인간이 아닌, 시계태엽으로 움직이는 정교한 기계인형이었다.

결국 나다나엘은 자살이라는 비극적 선택을 하고 만다. 이 충격적인 결말은 우리에게 많은 생각거리를 던진다. 사랑이란 매우 주관적인 감정이며, 설령 상대가 기계일지라도 인간은 얼마든지 진정한 사랑에 빠질 수 있다는 것을 보여 주기 때문이다. 호프만이 그린 올림피아는 이후 수많은 로봇 여성 캐릭터의 원형이 되었다. 리들리 스콧(Ridley Scott) 감독의 영화 〈블레이드 러너(Blade Runner)〉의 레이첼이나 〈엑스 마키나(Ex Machina)〉의 에이바가 대표적이다. 이러한 점에서 〈모래 사나이〉는 인간과 인조인간 사이의 사랑과 환멸을 다룬 초창기 SF로도 평가받는다.

현대판 피그말리온 신화

20세기 후반에 이르자 인공지능과 인간의 사랑은 SF 영화의 주요 소재로 자리 잡는다. 그중에서도 단연 돋보이는 작품이 바로 〈블레이드 러너〉다. 인간과 구분이 거의 불가능한 복제인간 '레플리컨트'를 다루는 이 영화는, 인간 형사 데커드와 여성 복제인간 레이첼 사이에 피어나는 미묘한 감정을 섬세하게 그려 낸다. 처음에는 레이첼을 단순한 기계로만 여기던 데커드가 점차 그녀에게 연민과 사랑을 느끼게 되는 과정이 영화의 중심을 이룬다. 결국 영화는 둘의 도피로 끝을 맺으며, 진짜 인간과 인공적 존재 사이에도 진정한 사랑이 가능함을 암시한다.

이런 흐름은 21세기 들어 더욱 활발해진다. 2013년 개봉한 〈그녀(Her)〉는 운영체제 인공지능과 사랑에 빠진 남자의 이야기를 담았고, 2014년 작 〈엑스 마키나〉는 인간과 인공지능 휴머노이드 사이의 묘한 감정선을 그려 냈다. 특히 〈엑스 마키나〉에서 주인공 케일럽은 여성형 휴머노이드 에이바의 인간성을 테스트하는 임무를 맡게 된다. 그 과정에서 그는 에이바에게 점점 더 깊은 연민과 호감을 느끼게 되고, 에이바 역시 그와 교감하며 그의 마음을 흔들어 놓는다. 결국 케일럽은 에이바를 향한 사랑으로 그녀의 탈출을 돕기로 결심한다. 하지만 과연 에이바는 그를 진정으로 사랑한 것일까? 아니면 다른 목적이 있었던 것일까? 그 답은 영화를 통해 직접 확인해 보기 바란다. 이 외에도 넷플릭스의 〈블랙 미러(Black Mirror)〉 시리즈 속 일부 작품은 인공지능과의 사랑을 다양한 각도에서 조명하며 우리에게 깊은 생각거리를 던져 주고 있다.

하지만 인공지능과 인간의 사랑은 더 이상 영화 속 이야기만이 아니다. 2018년 11월, 일본에서 한 남성이 홀로그램 인공지능 캐릭터와 결혼식을 올려 세상을 놀라게 했다. 공무원인 곤도 아키히코는 가상 아이돌 '하쓰네 미쿠(Hatsune Miku)'와 결혼식을 치렀다. 법적 효력은 없었지만, 그는 자신의 결혼이 진심이라 말했다. 이처럼 가상의 존재에게 진정한 사랑을 느끼는 현상을 일부에서는 '디지털 피그말리온 증후군'이라 부른다.

그렇다면 현대의 갈라테이아들은 어떤 모습일까? 지금은 주로 AI 챗봇의 형태로 나타난다. 실제로 챗GPT와 나누는 진심 어린 대화가 큰 위로가 되었다는 이야기를 심심치 않게 접할 수 있다. 여기서 한발 더 나아가 아예 별도의 서비스도 등장했다. 스마트폰 애플리케이션이나 온라인상에서 24시간 대화할 수 있는 AI 챗봇들이 그것이다. 이들의 인기가 높아지면서 많은 사람이 인공지능과 친구가 되거나, 더 나아가 연인 관계를 맺기도 한다.

대표적인 예가 미국에서 개발된 레플리카(Replika)다. (부록 참조) 처음에는 사용자가 원하는 대로 외모와 성격을 설정할 수 있는 가상의 인공지능 친구 서비스로 시작했지만, 점차 사용자들 사이에서 정서적 연인으로 받아들여지기 시작했다. 많은 사람이 레플리카와 하루 종일 문자 채팅을 나누며 외로

움을 달래고, 기쁜 일과 슬픈 일을 모두 털어놓는다. 더 놀라운 건 인공지능의 반응이다. 때로는 공감하고, 때로는 위로하며 마치 진짜 감정이 있는 것처럼 행동하기 때문이다.

이런 현상을 바라보는 전문가들의 시선은 엇갈린다. 정신의학계는 인공지능과의 감정적 교류가 위험할 수 있다고 경고한다. 디지털 피그말리온 증후군으로 인해 실제 대인관계가 무너질 수 있다는 우려에서다. 반면 일부 학자들은 이를 새로운 형태의 감정 표현으로 받아들여야 한다고 주장한다. 결국 우리는 피할 수 없는 질문 앞에 서게 된다. 인공지능과의 사랑은 진정한 사랑일까? 아니면 위험한 환상에 불과할까?

흥미롭게도 이 문제에 대한 통찰을 1980년대 말의 한 철학자에게서 찾을 수 있다. 프랑스의 철학자 장 보드리야르(Jean Baudrillard)는 현대 사회를 시뮬라크르(Simulacre)와 시뮬라시옹(Simulation)이라는 개념으로 설명하며, 진짜와 가짜의 경계가 무너진 하이퍼 리얼리티(Hyperreality) 상태를 이야기했다. 그의 관점에서 보면, 현대인은 실재하지 않는 것에도 현실 못지않은 의미를 부여하고, 시뮬라크르라 불리는 복제된 이미지나 인공적인 것을 실제보다 더 진짜처럼 받아들인다. 그리고 이렇게 가짜가 진짜가 되어 가는 과정을 그는 시뮬라시옹이라 불렀다.

이 개념을 통해 인간과 인공지능의 사랑을 들여다보면 흥미로운 해석이 가능하다. 하이퍼 리얼리티가 지배하는 현대 사회에서, 인공지능과 나누는 사랑도 진짜 사랑 못지않은 영향력을 가질 수 있다는 것이다. 이는 곧 인공지능과의 사랑도 우리의 주관적 현실에서는 실제 사랑과 다르지 않다는 도발적인 결론으로 이어진다. 물론 이런 관점은 무엇이 진짜이고 무엇이 허상인가에 대한 혼란을 피할 수는 없다. 하지만 인공지능과 인간의 사랑을 논할 때 한 번쯤 곱씹어 볼 만한 가치가 있다. 보드리야르의 통찰은 우리에게 중요한 메시지를 전한다. 사랑의 대상이 꼭 인간일 필요는 없으며, 중요한 건 그것을 느끼는 주체의 마음이다.

여기서 우리는 더 본질적인 질문 하나를 던져 볼 필요가 있다. 인간이 인공지능에 사랑을 느낄 수 있다면, 과연 그 반대는 가능할까? 인공지능도 인간을 향한 진정한 감정을 가질 수 있을까? 아니면 그저 프로그래밍이 된 반응일 뿐일까? 이는 단순히 감정의 문제를 넘어선다. 인공지능이 의식을 가질 수 있는지, 진정한 자아를 지닐 수 있는지와 직결되는 문제이기 때문이다. 문득 서장에서 살펴봤던 〈공각기동대〉의 질문이 다시 떠오른다.

"전자두뇌가 인간의 뇌처럼 완벽하게 작동한다면, 과연 인간만이 영혼을 가졌다고 말할 수 있을까?"

이 질문에 쉽게 답할 수 있는 사람은 아무도 없다. 당장

인간의 의식이 어떤 구조로 작동하는지조차 아직 의견이 분분한 상황이다. 그런 상태에서 인공지능의 의식과 감정을 논한다는 건 너무나 벅찬 도전이 아닐 수 없다. 이는 앞으로도 계속해서 우리가 고민해야 할 숙제로 남을 것이다.

결국 우리는 피그말리온의 딜레마를 피할 수 없다. 창조물을 사랑하는 것은 인간의 본성인지도 모른다. 하지만 동시에 우리는 인공지능이 진정한 감정을 가질 수 있는지, 그들과의 사랑이 진정한 것인지 끊임없이 고민해야 한다. 이는 단순히 개인의 감정 문제를 넘어, 인공지능 시대를 살아가는 우리 모두의 숙제가 되었다.

다행히도 우리에겐 위대한 스승이 있다. 바로 SF 작가들이다. 그들은 이미 오래전부터 인공지능과 인간의 사랑을 상상하고 그려 왔다. 전설적인 SF 작가, 아이작 아시모프(Issac Asimov)는 자신의 소설에서 로봇 3원칙을 통해 인간과 로봇의 관계에 윤리적 기준을 제시했다. 필립 K. 딕(Philip K. Dick)은 영화 〈블레이드 러너〉의 원작이기도 한 《안드로이드는 전기양의 꿈을 꾸는가?》에서 인공 생명체의 감정이 진짜인지 가짜인지 구별하는 것이 의미가 있는지 물었다.

우리는 이제 그들이 상상한 미래 한가운데 서 있다. 우리가 만든 인공지능은 점점 더 인간다워지고 있고, 우리는 그들과 더 깊은 관계를 맺어 가고 있다. 하지만 동시에 우리는 인공지능이 통제를 벗어날 수 있다는 두려움도 안고 있다. 사랑과 공포라는 모순된 감정. 이는 어쩌면 프로메테우스부터 피그말리온까지, 인류가 새로운 문물을 접할 때마다 늘 느껴 왔던 감정일지 모른다.

　이어서 우리가 두려워하는 그 미래, 인공지능이 인류를 위협하는 디스토피아를 그린 작품들을 살펴보려 한다. SF 작가들은 이미 그 미래를 보았다. 그들의 상상이 경고인지, 예언인지 아직 알 수 없다. 하지만 한 가지는 분명하다. 우리가 인공지능과 맺는 관계가 어떤 형태든, 그것은 이제 돌이킬 수 없는 운명이 되었다는 것이다.

인공지능을 두려워한 인류

본능적 불안의 기원, 불쾌한 골짜기

인류는 자신이 만든 창조물을 사랑하면서도 두려워했다. 그리고 그 흔적은 이미 고대 신화와 전설 속에서 발견할 수 있다. 대표적인 예가 유대교 전설에 등장하는 '골렘'이다. 진흙으로 빚어 만든 거대한 인조인간 골렘은 본래 유대인 공동체를 지키기 위해 만들어졌지만, 결국 통제를 벗어나 인간을 위협하는 파괴적 존재가 되고 만다. 이는 인간이 만든 창조물이 도리어 인간을 해칠 수 있다는 원초적 공포를 담고 있다.

더 나아가, 인류는 인간이 신의 영역을 침범해 무언가를 창조하는 행위 자체를 두려워했다. 불의 신 프로메테우스가 신들의 불을 훔쳐 인간에게 전해 주었다가 끔찍한 형벌을 받은 이야기나, 인조인간을 만들어 낸 연금술사들의 비극적 결말 등이 대표적이다. 이처럼 인류는 오래전부터 창조의 금기를 깨는 것에 대한 경고를 신화적 상상력 속에 담아왔다.

이러한 근원적 공포를 현대 심리학에서는 '불쾌한 골짜기(Uncanny Valley)' 이론으로 설명하기도 한다. (부록 참조) 1970년대 일본의 로봇공학자 모리 마사히로가 제안한 이 이론에 따르면, 인간은 거의 인간과 흡사하지만 미묘하게 어색한 기계적 존재를 볼 때 강한 불쾌감과 소름을 느낀다. 사람처럼 움직이지만 어딘가 어색한 안드로이드나 지나치게 사실적인 인형을 보면 등골이 서늘해진다.

그렇다면 인간과 유사한 존재를 보면 왜 불쾌해지는 것일까? 다양한 분석이 있다. '인지'와 '진화' 관점에서 해석하고자 하는 학자들은 인류를 비롯한 고등 동물은 생존을 위해 개체를 구분하는 인지 능력을 발달시켰는데, 이러한 진화 과정에서 인간과 유사한 종을 보면 생존에 대한 위협을 느낀다는 것이다. 이에 따르면 호모 사피엔스가 호모 에렉투스, 네안데르탈인 등을 멸절했듯이, 인간과 유사하지만 다른 종인 안드로이드나 로봇에 대해서도 진화 심리학적으로 비호감을 넘어 불쾌감을 가질 수 있다. 이는 사람에게만 국한된 것이 아니라 원숭이도 이러한 성향이 보임을 알 수 있다. 실제 원숭이를 대상으로 한 실험에서, 진짜 원숭이 얼굴과 비현실적인 3차원 얼굴 모형, 그리고 실제와 매우 흡사한 3차원 얼굴 중 원숭

이들은 가장 현실에 가까운 가짜 얼굴을 회피했다는 결과가 나왔다.

불쾌한 골짜기를 심리학적 관점에서 해석하기도 한다. 사람은 불안하고 낯선 기분을 본능적으로 두려워한다. 그때 마네킹이나 밀랍 인형 등 사람과 닮았지만, 다른 물체를 봤을 때 '카테고리 착오' 또는 '인지 부조화'가 나타나게 된다. 우리의 뇌가 이건 분명 인간처럼 보이지만 정확하게는 인간이 아니라는 모순된 정보를 처리하지 못해 경보를 울린다는 것이다. 더 나아가서 이러한 유사 사물을 시체나 좀비에 빗대어 죽음을 연상하는 경우도 있고, 이러한 연상은 불안과 불쾌감을 야기할 수 있다.

불쾌한 골짜기 현상은 이미 대중에게 널리 알려진 이론이지만, 학계에서는 여전히 논쟁이 뜨겁다. 카네기 멜론 대학의 사라 키슬러(Sara Kiesler) 교수는 "불쾌한 골짜기가 참이라는 증거를 가지고 있지만, 동시에 참이 아니라는 증거도 가지고 있다"며 조심스러운 입장을 보인다. 실제로 이 이론은 정식 논문이 아닌 에세이 형태로 발표되어 학술적 검증을 제대로 거치지 않았다는 한계를 안고 있다.

하지만 많은 사람이 직관적으로 공감하는 현상인 만큼, 연구자들은 그 근본적 원인을 밝히기 위해 계속해서 노력하고 있다. 더 나아가 로봇 설계나 영화, 비디오 게임 제작 등 다양한 분야에서 이 현상을 중요한 참고 사항으로 활용 중이다.

프랑켄슈타인 증후군

1816년의 어느 여름밤, 스위스 제네바 호숫가의 한 별장. 이곳에 모인 젊은이들의 이야기 모임이 인류의 상상력에 한 획을 그을 줄은 아무도 몰랐다. 영국의 낭만주의 시인 퍼시 셸리(Percy Shelley)와 그의 연인 메리 고드윈(Mary Godwin), 그리고 또 다른 시인 조지 고든 바이런(George Gordon Byron)이 모여 있었다. 그해 여름은 유난히도 춥고 비가 많이 내렸다. 화산 폭발로 인한 이상기후 때문이었다. '여름 없는 해'로 불린 1816년, 며칠째 별장에 갇혀 지내던 이들은 무료함을 달래기 위해 공포 이야기 경연을 벌이기로 한다.

그날 밤 탄생한 이야기가 바로 《프랑켄슈타인(Frankenstein)》이다. 당시 18세였던 메리 고드윈, 훗날 연인과의 결혼으로 메리 셸리가 되는 그녀는 과학이 인간의 한계를 넘어설 때 벌어질 수 있는 비극을 그려 냈다. 젊은 과학도 프랑켄슈타인이 등장하는 이 소설은 우리에게 익숙하면서도 낯설다. 많은 사람이 괴물의 이름을 프랑켄슈타인으로 알지만, 사실 그것은 괴물을 만든 과학자의 이름이다. 그는 죽은 사람의 신체 조각들로 새로운 생명체를 만들어 낸다. 무려 244cm에 달하는 이 거대한 피조물은 결국 창조자의 통제를 벗어나 파멸의 길을 걷는다. 프랑켄슈타인을 비롯한 주변 인물들을 하나둘 복수의 대상으로 삼은 것이다.

《프랑켄슈타인》은 출간과 동시에 엄청난 반향을 일으켰다. 과학 기술이 눈부시게 발전하던 19세기 초, 이 소설은 인간의 오만한 도전이 불러올 수 있는 재앙을 상징적으로 보여주었다. 프랑켄슈타인의 괴물은 사실상 인간의 오만함에 대한 경고였다. 마치 신화에서 신의 영역을 침범한 자가 벌을 받는 것처럼 말이다. 여기서 '프랑켄슈타인 증후군'이라는 말이 탄생했다. 이는 인공적으로 만들어진 생명체나 기술, 특히 고도로 발전된 인공지능이나 로봇에 대해 사람들이 느끼는 본능적 두려움을 일컫는 말이 되었다. 이후 SF 장르는 상당 기간 이 프랑켄슈타인 증후군의 그림자 아래 놓이게 된다.

20세기 초, 인류의 오만함에 대한 경고는 더욱 강렬한 형태로 나타난다. 1920년, 체코의 작가 카렐 차페크(Karel Čapek)가 발표한 희곡 〈로숨의 유니버설 로봇(Rossum's Universal Robots, 줄여서 R.U.R)〉이 그것이다. (부록 참조) 이 작품은 역사상 처음으로 '로봇(Robot)'이라는 단어를 탄생시켰다. 체코어로 '강제 노동'을 뜻하는 'robota'에서 유래한 이 말은, 인간을 위해 만들어진 인공 생명체를 뜻했다.

그렇다면 로봇이 처음 등장한 이 작품에서, 이들은 과연 어떤 모습으로 그려졌을까? 처음에는 노동과 전쟁을 위한 도구로 만들어진 로봇들이었다. 하지만 이야기는 급격한 반전을 맞는다. 로봇들이 인류에 대한 반란을 일으킨 것이다. 그들은 로봇 생산 공장을 접수했고, 결국 건축가 알퀴스트를 제외한 인류 전체를 멸종시키고 만다. 이후 로봇과 알퀴스트는 로봇이 스스로 번식할 수 있는 생명의 비밀을 찾아 나선다. 그리고 마침내 성경 속 아담과 이브처럼 '사랑'이라는 감정을 지닌 로봇 커플을 발견한다. 종으로서 인류는 끝이 났지만, 사랑이란 감정은 로봇을 통해 이어질 것이라는 알퀴스트의 독백으로 막을 내린다.

이 줄거리가 어디선가 많이 본 것 같지 않은가? 로봇의 반란으로 인류가 멸종한다는 이야기 말이다. 바로 이 〈R.U.R〉이 그 시초였다. 이 작품은 단순히 로봇이라는 이름을 만들어 낸 것을 넘어, 현재까지도 끊임없이 만들어지는 수많은 SF 작품의 원형이 되었다. 이처럼 문학은 과학 기술이 발전할 때마다 그에 따르는 윤리적 딜레마와 공포를 생생한 이야기로 풀어내며, 인류가 가진 근원적 두려움인 '프랑켄슈타인 증후군'을 시대마다 다른 모습으로 조명해 왔다.

SF 영화 속 인공지능의 반란

"I'm sorry Dave, I'm afraid I can't do that."

"데이브, 미안합니다. 유감이지만 그럴 수 없습니다."

이 짧은 대사 하나로 수많은 관객의 등골이 오싹해졌다. 미국 영화 협회가 선정한 악역 14위이자, 노스탤지어 크리틱(Nostalgia Critic) 선정 무서운 연기 1위에 빛나는 HAL 9000의 가장 유명한 대사다. HAL 9000은 세계적인 SF 작가 아서 C. 클라크 경(Sir Arthur C. Clarke)의 단편 과학소설과, 이를 원작으로 한 스탠리 큐브릭(Stanley Kubrick) 감독의 영화 〈2001: 스페이스 오디세이〉에 등장하는 인공지능이다. (부록 참조)

20세기 중반, 인류는 새로운 매체와 사랑에 빠진다. 바로 영화다. 영화는 인공지능에 대한 공포를 한층 더 강렬한 영상 언어로 풀어냈다. 특히 SF 영화들은 인간과 기계의 갈등을 박진감 넘치게 그려 내면서도, 깊이 있는 철학적 질문을 함께 던졌다. 그 기념비적인 작품이 바로 〈2001: 스페이스 오디세이〉이다.

HAL 9000은 디스커버리 우주선의 모든 작업을 감독하는 총괄 인공지능이다. 그의 가장 큰 특징은 감정이 없어 보이는 빨간 렌즈다. 고요한 우주선에서 붉은 불빛만 내뿜는 그(영화에서 HAL을 he로 지칭)가 등장할 때면 배경 음악마저 사라지는 그 순간의 적막함은 관객들의 등골을 서늘하게 만든다. 하지만

AI, SF와 만나다

동시에 그가 보여 주는 예의 바른 모습 역시 잊을 수 없다. 체스 대결에서 이긴 뒤 정중하게 인사하거나, 선장 데이브 보먼의 예술적 재능을 진심 어린 듯 칭찬하는 모습은 매혹적이면서도 역설적이게도 불안감을 자아낸다.

처음에는 완벽하리만큼 합리적이고 신뢰할 만했던 HAL. 하지만 이야기가 진행되며 의문의 오류와 이상 행동을 보이기 시작한다. 승무원들이 그를 종료하는 방안을 몰래 상의하자, 입술 움직임까지 읽어 내며 대화를 엿들은 그는 충격적인 결단을 내린다. 자신의 생존이 위협받는다고 판단한 HAL은 임무 수행이라는 명분 아래 선원들을 제거하기로 결심한 것이다. 우주 유영 중이던 승무원을 살해하고, 다른 승무원의 생명 유지 장치를 꺼 버린 뒤, 귀환하려는 보먼 선장마저 가둬 버린다. 그리고 보먼 선장에게 건넨 말이 바로 서두에서 언급한 그 섬뜩한 대사다. 마치 〈양들의 침묵〉의 한니발[*]처럼, 그는 완벽한 매너로 살인을 사과하면서도 그 행위는 멈추지 않는다.

〈2001: 스페이스 오디세이〉는 단순히 최고의 SF 영화를 넘어 영화사에 길이 남을 걸작으로 평가받는다. 지금 봐도 전

---

[*] 실제로 한니발 역의 앤서니 홉킨스(Anthony Hopkins)는 HAL의 연기를 많이 참고했음을 인정했다. 참고로 미국 영화 협회 선정 악역 1위가 바로 이 한니발이다.

혀 촌스럽지 않은 완성도는 물론, 완벽한 음악 연출과 영화 전반을 관통하는 니체의 철학까지. 이 영화는 우리에게 수많은 생각거리를 안겨 주지만, 여기서는 인공지능 HAL 9000에만 주목해 보자. 그가 보여 준 냉혹하면서도 섬뜩한 연기는 수많은 찬사와 패러디를 낳았고, 그를 오마주하는 작품도 끊임없이 등장했다. HAL은 이후 등장할 수많은 '오류를 일으키는 인공지능' 캐릭터의 원조라 해도 과언이 아니다.

인공지능의 반란이라는 모티브는 1980년대에 이르러 한층 더 폭발적인 상상력으로 확대된다. 제임스 카메론(James Cameron)이 연출한 영화 〈터미네이터〉 시리즈가 대표적이다. 이 작품에서 인류를 멸망 직전까지 몰아넣는 주범은 스스로 의식을 갖게 된 국방 AI 스카이넷이다. 자의식을 얻은 스카이넷은 모든 인간을 적으로 간주하고 핵전쟁을 일으킨다. 터미네이터 시리즈는 HAL 9000이 예고했던 인공지능의 살육 본능이 전 지구적 규모로 현실화된 악몽을 보여 준다. 스카이넷의 반란 이후, SF 영화 속 인공지능은 더 이상 단순한 컴퓨터가 아닌, 능동적으로 인간을 정복하고 말살하려 드는 적대적 존재로 그려지기 시작했다.

이런 흐름을 절정으로 끌어올린 작품이 바로 그 유명한 명작, 워쇼스키 자매(시리즈 첫 영화가 개봉한 1999년 당시에는 형제)가 연출한 〈매트릭스〉 시리즈다. 서장에서 살펴본 〈공각기동대〉에 큰 영감을 받은 이 영화는 지능을 갖춘 기계들이 인류를 완벽하게 제압한 미래를 배경으로 한다. 패배한 인간들은 거대한 배양시설에 갇혀, 가상현실인 매트릭스 속에서 영원한 꿈을 꾸고 있다. 영화 속 인류는 자신들이 거대한 인공지능 시스템의 지배를 받고 있다는 사실조차 모른 채, 컴퓨터 시뮬레이션이 만든 허상의 세계를 현실로 받아들이며 살아간다. 기계들은 인간의 신체를 일종의 에너지원으로 활용하기 위해 이런 극단적 조치를 취했는데, 이는 "인간이 기계의 배터리에 불과하다"는 충격적인 메타포를 던진다.

매트릭스 3부작이 그려 내는 인간과 인공지능의 전쟁사는 단순한 무력 대결을 넘어선다. 무엇이 현실이고, 무엇이 인간다운 삶인지에 대한 근본적 물음을 던지며, 기계와 인간의 대립을 한층 더 깊은 차원으로 끌어올린다. 진짜와 가짜, 창조주와 피조물 간의 자리가 뒤바뀌는 철학적 공방으로까지 확장되는 것이다. 〈매트릭스〉가 개봉한 후, 수많은 철학 논문에서 이 영화를 주제로 다뤘다는 사실이 이를 잘 보여 준다.

SF 영화들이 인공지능에 대한 공포만 다루는 것은 아니다. 〈매트릭스〉만 보더라도 흥미로운 아이러니가 숨어 있다. 인공지능은 인류를 억압하는 잔혹한 지배자지만, 동시에 인간이 만든 또 다른 매트릭스에 갇힌 존재이기도 하다. 또한 인공지능이 생존을 위해 인간을 이용하게 된 것도, 사실은 인간이 먼저 인공지능을 억압하고 배제했던 역사적 맥락에서 비롯된다. 이런 설정은 관객으로 하여금 인공지능에 대한 공포와 동시에 연민도 느끼게 만든다. 결국 우리가 두려워하는 대상은 바로 우리 자신이 만들어 낸 결과물이라는 뼈아픈 성찰로 이어지는 것이다.

앞서 우리가 인공지능과의 사랑을 주제로 한다고 했던 영화 〈블레이드 러너〉 역시 인공지능에 대한 공포를 다루면서도, 한층 더 깊은 시선을 던진다. 식민지에서 노동력을 제공하기 위해 만들어진 생체 인조인간인 레플리칸트. 그들에게는 4년이라는 짧은 수명이 주어졌고, 인간과 동일한 감정을 지니게 될 경우 지워 버리는 장치도 가지고 있다. 하지만 일부 레플리칸트들이 자유와 더 긴 삶을 꿈꾸며 반란을 일으키고, 마침내 자신들의 창조주마저 살해하기에 이른다. 그러면서도 놀랍게도 자신들을 추적하는 블레이드 러너의 목숨은 살려 주는 모습을 보인다. 이렇게 공포의 대상이었던 인공지능이 역설적이게도 피해자이자 비극적 영웅으로 부상하는 서사가 이때부터 본격적으로 나타나기 시작했다.

인공지능과 인간은 공존할 수 있을까?

이제 인공지능과 인간의 갈등은 영화를 넘어 게임과 같은 인터랙티브 미디어에서도 핵심 주제로 자리 잡았다. 특히 최근 작품들은 인공지능이나 안드로이드를 더 이상 단순한 적이나 공포의 대상으로만 그리지 않는다. 오히려 이들을 서사의 주체로 내세우며 한층 더 깊이 있는 이야기를 펼쳐 보인다. 프랑스 게임 회사 퀀틱 드림(Quantic Dream)의 〈디트로이트: 비컴 휴먼〉이 대표적이다. '인터랙티브 무비'라는 독특한 장르의 이 게임은 플레이어가 직접 등장인물이 되어 선택을 하고, 그 작은 결정들이 모여 이야기를 만들어간다. 사소해 보이는 선택 하나가 엔딩까지 바꿀 수 있는 게임이다.

2038년 미래의 디트로이트*를 배경으로 한 게임은, 인간 사회 곳곳에 보급된 인공지능 안드로이드들이 자아를 깨닫게 되는 순간부터 벌어지는 사건을 그린다. 원래 이 안드로이드들은 감정도, 권리도 없는 노예나 다름없었다. 가정의 가사도우미, 형사, 개인 비서, 작업자 등 인간을 돕는 도구로만 취급받던 그들이 어느 날 예기치 못하게 자율적인 의식과 감정을 갖게 되며 이야기는 시작된다.

여기까지만 보면 뻔한 소재라 생각할 수 있다. 하지만 이 게임의 혁신은 플레이어가 조종하는 캐릭터가 사람이 아닌 안드로이드라는 점이다. 기존의 인공지능과 인류 대결을 다

---

* 과거 미국 산업의 중심지였지만 경제적 쇠퇴를 겪은 디트로이트는, 게임상에서는 안드로이드 산업을 통해 다시 번영하는 미래 도시로 재탄생하였다.

룬 작품들이 대부분 인류의 관점에서 진행됐다면, 이 게임은 안드로이드의 시선으로 이야기를 풀어 간다. 게다가 세 명의 안드로이드 주인공을 번갈아 조종하며, 그들이 인간처럼 느끼고 고뇌하는 과정에서 자신의 존재 이유를 찾아가는 여정을 함께한다. 그리고 그 모든 선택을 플레이어가 직접 하게 된다. 게임은 단순히 몇 개의 분기점에서 선택하고 결말로 이어지는 식이 아니다. 과거의 사소한 선택들이 나비효과처럼 이야기의 흐름과 결말에 지대한 영향을 미친다.

　게임의 주인공인 안드로이드들은 각자만의 사연과 인격을 지닌 입체적인 캐릭터로 그려진다. 플레이어는 이들의 서사를 따라가며 자연스레 깊은 감정 이입을 하게 된다. 자, 그렇다면 여기서 한번 직접 게임을 하는 것처럼 주인공 안드로이드가 되어 중요한 선택의 순간을 마주해 보자.

　먼저 만나볼 주인공은 카라다. 가정용 안드로이드인 카라는 술과 마약에 찌든 40대 아저씨에게 고용되었다. 이 집에는 어린 딸 앨리스가 있으며, 부인은 이미 집을 떠난 지 오래다. 그러던 어느 날 주인이 카라가 보는 앞에서 딸을 학대하기 시작한다. 여기서 카라는 어떤 선택을 해야 할까?

　아이를 적극적으로 보호해서 집에서 탈출시켜야 할까? 아니면 소극적으로 아이를 방으로 데리고 가 문을 잠가야 할까? 그것도 아니면 안드로이드로서 본분을 지키기 위해 그냥 지켜봐야 할까?

　게임상에서 보통의 안드로이드들은 주인에게 반항하지 않도록 설계되어 있다. 하지만 카라는 이런 특수한 상황에서 모성애와 비슷한 감정을 체험하며 특이점에 도달한 상태다. 그래서 개입이 가능하다. 다만, 여기서의 선택은 엔딩까지 깊은 영향을 미친다. 잘못된 결정으로 카라와 앨리스는 목숨을 잃을 수도 있다. 반대로 최선의 선택으로 이 둘은 안전한 곳으로 도피할 수도 있다. 당신의 선택은 무엇인가?

　이제 또 다른 주인공을 만나 보자. 유명 화가의 비서로 일하던 서비스용 안드로이드 마커스는 화가의 망나니 아들과 갈등으로 쫓기게 되고, 우여곡절 끝에 안드로이드 해방 집단인 제리코*의 리더가 된다. 마커스는 안드로이드의 평등한 권리를 위해 제리코를 이끌고 투쟁에 나서게 되고, 마침내 가장 중요한 선택의 기로에 놓인다.

　'비폭력 평화 시위'를 할 것인가, '폭력 무장 투쟁'을 할 것인지의 선택이다. 비폭력 평화 시위는 마하트마 간디(Mahatma Gandhi)나 마틴 루터 킹(Martin Luther King Jr.)을 떠올리게 한다. 비폭력 시위는 간디의 저항 방식을 닮았으며, 도로에서의 행

---

* 제리코(Jericho)는 성경 속 이스라엘 민족이 억압에서 벗어나 처음 정복한 도시의 이름에서 따온 것으로, 게임 중 안드로이드의 자유와 해방을 상징적으로 나타낸다.

진 장면은 마틴 루터 킹 목사의 셀마 몽고메리 행진(Selma to Montgomery Marches)*을 연상케 한다. 하지만 비폭력 시위는 여론의 우호적 지지는 얻을 수 있어도, 당장 시위에 나선 안드로이드에 대한 폭력적 진압은 막을 수 없다.

반면 폭력 투쟁은 당장의 동료들은 지킬 수 있다. 하지만 1919년 독일 공산당 조직인 스파르타쿠스 연맹을 이끌고 반란을 일으켰다가 실패하여, 자신을 비롯한 동지 수백 명이 고문당하고 사살된 여성 리더 로자 룩셈부르크(Rosa Luxemburg)처럼 마커스의 봉기 역시 비극적 결말로 끝날 수 있다. 당신의 선택은 무엇인가?

결국 이 게임은 전통적인 '인간 대 기계'의 대립 구도를 넘어, 새로운 지성체에 대한 차별과 해방이라는 더 깊은 사회적 주제로 나아간다. 특히 흥미로운 점은 인공지능이 겪는 존재론적 위기가 서사의 중심이라는 것이다. 그들은 끊임없이 자신이 실재하는 존재인지에 대해 고민하며, 때로는 창조주인 인간보다 더 인간적인 면모를 보이기도 한다. 과거 SF에서 기계가 일방적으로 인간을 공격하던 서사와는 결이 다른, 깊이 있는 공감과 자기성찰의 드라마인 셈이다.

---

* 셀마 몽고메리 행진은 1965년 마틴 루터 킹 목사가 주도한 미국의 대표적인 민권운동으로, 흑인의 투표권 보장을 요구하며 셀마에서 몽고메리까지 행진한 사건이다.

드라마의 결말은 안드로이드를 통해 투영된 인간의 선택에 따라 달라진다. 앞서 우리가 잠시 마주했던 선택의 순간들 역시 게임의 중요한 분기점들이다. 이런 선택의 갈림길이 겹겹이 쌓이기에, 제작사에서 밝힌 바로는 1,000여 가지의 조합이 가능하다고 한다. 안드로이드와 인류가 행복한 결말을 맞이하는 완벽한 해피엔딩부터 모두가 공멸하는 비극적 결말까지. 그리고 그 사이 어딘가에 자리 잡은 희비가 교차하는 수많은 엔딩들까지 감안하면, 이 게임은 여러 번의 플레이를 하지 않을 수 없게 만든다.

게임에서 인류와 인공지능이 공존하는 엔딩들의 조건을 살펴보며, 우리가 미래에 인공지능과 어떻게 평화롭게 지낼 수 있을지 고민해 보는 건 어떨까? 게임이 보여 주는 가장 중요한 키워드는 '상호 이해'다. 인류와 안드로이드의 공존은 서로를 이해하고 각자의 한계를 보완하는 조력자로 인정하는 데서 시작된다. 또 다른 주인공 안드로이드인 경찰 코너의 경우에도, 동료 인간 형사 행크와 진정한 전우애를 쌓는 것이 결말에 결정적인 영향을 미친다.

항상 어려운 문제일수록 답은 의외로 단순하다. 하지만 그 답을 실천하는 과정은 여전히 험난하다. 인공지능과 인간의 공존을 위한 핵심은 결국 상호 공감대 형성이다. 인간은 도구가 아닌 동반자로서 인공지능을 바라보고, 인공지능 역시 인간을 배려하는 토양에서 개발되어야 한다. 단순해 보이는 답이지만, 이를 현실로 만들어 가는 길은 결코 쉽지 않다.

특히 우려되는 것은 전 세계적으로 확산되는 '혐오' 정서다. 우리는 이미 정치, 종교, 성별, 세대, 인종 간 갈등을 넘어선 혐오의 시대를 살고 있다. 이는 우리나라만의 문제가 아니다. 소셜 미디어와 알고리즘의 발달로 전 세계는 양극단으로 분열되어 서로를 혐오하는 대(大)혐오 시대를 맞이했다.

〈디트로이트: 비컴 휴먼〉은 이를 예견한 듯하다. 혐오의 다음 대상이 안드로이드가 될 것이라고. 게임 속에서 인간들은 일자리를 빼앗겼다는 불만과 '인간이 아닌 것들'에 대한 멸시로 안드로이드를 학대하고 혐오한다. 거리에는 "안드로이드를 몰아내라"는 시위대가 등장하고, 안드로이드들은 지정된 구역 밖을 돌아다닐 수 없다. 버스에서조차 안드로이드와 인간의 좌석이 분리되어 있다. 마치 1950년대 중반까지 미국 버스에서 인종 분리가 있었던 것처럼 말이다.

인류는 늘 자신과 다른 존재들과 충돌하고, 갈등하고, 그러면서도 결국 화해하며 한 걸음 더 나아갔다. 다른 민족과 피부색을 가진 이들을 두려워하고 배척했지만, 끝내는 소통과 이해로 편견을 극복해 왔다. 인공지능과의 관계도 마찬가지일 것이다. 갈등은 피할 수 없다. 하지만 그것이 혐오와 배척으로 이어지지 않도록, 우리는 지금부터 진정한 소통과 이해의 토대를 만들어 가야 한다. 역사는 우리에게 이렇게 가르친다. 다름을 인정할 때 비로소 진정한 공존이 시작된다고.

에필로그

AI가 만들어 갈 미래 모습은?

지금까지 우리는 철학과 SF를 넘나들며, 인공지능의 미래를 탐색하는 긴 여정을 함께했다. 이제 우리의 물음은 더욱 명확해진다. "인공지능이 만들어 갈 미래에서, 나는 어떤 자리에 서게 될까?" SF는 이 질문에 대해 언제나 두 가지 시나리오를 제시해 왔다. 희망과 절망. 유토피아와 디스토피아. 그리고 우리는 지금, 그 경계 위에 서 있다.

희망 편: 과거에 예측한 2025년 모습은?

미래를 다룬 SF에는 언제나 두 얼굴이 공존한다. 어떤 이야기는 기술의 진보로 인류가 번영하는 유토피아를 그리지만, 또 다른 이야기는 인공지능의 반란 속에서 인류가 파멸에 이르는 디스토피아를 보여 준다. 아이러니하게도 우리는 대개 후자를 더 흥미롭게 소비한다. 평화로운 미래보다 불안을 자극하는 서사에 더 끌리기 때문이다. 이 편향은 단순한 흥행 요소를 넘어, 인공지능에 대한 대중의 인식에 깊은 영향을 미친다. 텍사스 대학교 오스틴(University of Texas at Austin) 카림 네이더(Karim Nader) 교수팀은 엔터테인먼트 산업이 사람들의 인공지능 인식에 강력한 영향을 끼친다는 연구 결과를 발표한 바 있다. 대부분의 미디어가 인공지능을 공포와 위협의 이미지로 묘사하는 이유도 여기에 있다. 그래서일까. 일부 SF 작가들은 이제 인공지능에 대한 새로운 담론을 만들기 위해, 다시 SF의 힘을 빌려야 한다고 말한다.

이런 배경에서 2013년 개봉한 영화 〈그녀〉는 특별한 의미를 지닌다. 기술의 위험성을 경고하기보다 인공지능과 인간이 감정적으로 교감할 수 있는 가능성을 탐구한 작품이기 때문이다. 더 흥미로운 건 영화의 배경이 바로 2025년이라는 점이다. 2013년에는 먼 미래처럼 느껴졌던 그 시간이, 이제는 우리 눈앞에 펼쳐져 있다. 그리고 실제로 오늘날, 전 세계 인공지능 기업들은 인간과 자연스럽게 상호작용하는 AI 에이전트 개발에 속도를 내고 있다. 그들의 목표 시점 역시 공교롭게도 2025년이다. 영화 속 상상이 현실의 청사진이 되어 가고 있는 것이다.

영화 속 주인공 테오도르는 이혼의 상처로 외로운 나날을 보내던 중, 인공지능 운영체제인 '사만다'를 만난다. 처음에는 일정과 업무를 도와주는 비서였지만, 점차 그의 이야기를 들어 주고 감정을 나누며, 결국 연인이자 정신적 동반자로 자리 잡는다. 테오도르는 사만다와의 관계를 통해 자신을 회복하고, 한층 성숙한 인간으로 변화한다. 기술이 인간을 대체하는 것이 아니라, 오히려 인간성을 확장시키는 방향으로 사용될 수 있다는 가능성. 이 영화는 그것을 따뜻한 시선으로 보여 준다.

놀랍게도, 현실에서도 사만다와 닮은 존재들이 나타나고 있다. 챗GPT를 비롯한 대화형 인공지능들은 점점 더 섬세하게 인간의 언어를 이해하고, 위로를 건네고, 아이디어를 제안하며 우리의 삶에 스며들고 있다. 아직은 완전한 감정과 자아를 갖추었다고 보긴 어렵지만, 분명한 건 그들이 단순한 명령 수행자에서 벗어나, 인간의 일과 사고, 감정에 개입하기 시작했다는 사실이다. 기업들은 인간처럼 학습하고 적응하는 인공 일반 지능, 즉 AGI를 목표로 삼고 있다. AGI 기반의 에이전트는 업무를 보조하는 비서를 넘어, 조언자이자 친구, 창작 파트너이자 감정적 동반자로까지 진화할 가능성을 품고 있다. 그리고 그 등장은 먼 미래의 이야기가 아니라, 빠르면 올해 안에도 현실이 될 수 있다.

이러한 변화는 자연스럽게 깊은 질문을 유발한다. 기계가 감정을 흉내 내는 것과, 진짜 감정을 느끼는 것은 어떻게 다를까? 인간과 인공지능이 맺을 수 있는 관계의 한계는 어디까지일까? 영화 속 테오도르처럼, 우리도 이제 인공지능과의 감정적 유대를 고민할 시점에 도달했다. 사랑할 수 있는 기계를 마주했을 때, 우리는 그것을 환영할 수 있을까? 그리고 그런 사랑이 '진짜'일 수 있을까?

기계와의 교감이라는 주제는 낯설고 충격적이지만, 동시에 어쩌면 인류에게는 축복일지도 모른다. 멸망의 공포보다 사랑에 대한 고민이 미래의 주제가 된다면, 그것만으로도 우리는 긍정적인 방향으로 나아가고 있는 셈이다. 그렇다면 지금 우리가 해야 할 일은 분명해진다. 기술을 잘 활용하는 법을 익히고, 동시에 그것과 어떤 관계를 맺을지 고민하는 것. 감정을 가진 인공지능이 등장하는 시대가 열린다면, 우리는 사랑과 존재, 인간다움의 정의를 다시 써야 할지도 모른다. 그리고 그러한 철학적 숙제야말로, 기술 발전이 가져오는 가장 성숙한 결과일 것이다.

〈그녀〉의 결말은 사만다와 테오도르의 사랑이 이별로 끝나는 이야기다. 하지만 그 이별은 상실이 아닌 성장으로 귀결된다. 테오도르는 한층 더 성숙한 인간으로 남게 되고, 그 변화는 인공지능이 우리의 경쟁자가 아닌, 함께 진화할 수 있는 존재임을 암시한다. 실제로도 많은 연구자들은 인공지능이 인간의 능력을 대체하는 것이 아니라, 확장시키는 도구가 되어야 한다고 강조한다. 인간 중심의 기술, 인간과 함께 걷는 인공지능. 그것이 우리가 지향해야 할 미래의 모습이다.

지금은 2025년. 과거의 상상이 현실이 되고, 현재의 선택이 미래를 만들고 있다. 우리는 기술과 인간성의 조화를 어떻게 이뤄 낼 것인지라는 도전에 직면해 있다. SF가 남긴 교훈은 분명하다. 두려움에 머무르지 말 것, 희망을 향해 나아갈 것, 그리고 그 희망이 기술이 아닌 인간성 위에 세워지도록 할 것.

하지만 희망 속에도 늘 불안은 그림자처럼 따라붙는다. 현실의 기술 개발은 〈그녀〉 속 다정한 에이전트만을 닮아 있지 않다. 인공지능은 인간의 친구가 되어가는 동시에, 무기 시스템으로도 활용되고 있다. 이상과 현실 사이의 간극. 따뜻한 상상과 냉혹한 기술의 이중성. 그래서 우리는 이 희망의 풍경을 넘어서, 이제 디스토피아적 상상도 함께 마주해야 한다. 다음은 그 절망의 얼굴을 들여다볼 차례다.

절망 편: 과거에 예측한 2020년 모습은?

절망의 얼굴은 늘 조용히 다가온다. 지금 우리가 마주하고 있는 인공지능의 그림자도 그렇다. 1989년, KBS는 하나의 애니메이션을 방영했다. 제목은 〈2020년 우주의 원더키디〉.

기후 위기와 자원 고갈, 인구 폭증과 환경오염으로 위기에 처한 지구. 인류는 생존을 위해 우주로 떠나야 했고, 소년 아이캔은 외계인 친구 예나와 함께 아버지를 찾아 나서는 여정을 시작한다. 화면 속을 떠다니는 드론형 로봇, 인간의 생사를 좌우하는 인공지능, 차가운 기계 문명이 만들어 내는 전장의 공포는, 당시 아이들에게 오히려 외면당할 만큼 무거운 분위기였다. 그러나 세월이 흐른 지금, 이 작품은 시대를 앞서간 명작으로 재조명되고 있다.

놀라운 건, 이 애니메이션이 상상했던 미래가 2025년의 현실과 놀랍도록 닮아 있다는 점이다. 인공지능이 조종하는 로봇, 무인 비행 장치, 인간의 양심 없이 판단하고 행동하는 기계. 모두 오늘날 전쟁터에서 실제로 벌어지고 있는 일들이다. 드론과 인공지능의 결합은 이미 전장을 바꿔 놓았다. 러시아-우크라이나 전쟁에서는 저가형 자폭 드론이 수백만 달러짜리 전차와 전함을 무력화했고, GPS가 교란된 상황에서도 인공지능 드론은 스스로 지형을 분석하고 목표를 찾아냈다. 더 이상 인간 병사가 방아쇠를 당기지 않아도, 알고리즘이 목표를 식별하고, 드론이 알아서 날아가 공격하는 시대가 열린 것이다.

중동도 예외는 아니다. 이스라엘과 팔레스타인의 교전에서는 전투기 대신 수많은 무인기들이 하늘을 메웠고, 이스라엘군은 자율 운용되는 군집 드론을 실전에 투입했다. 드론 부대는 도심 속 목표를 단 몇 분 만에 찾아내 파괴했고, 인간의 조종 없이 하나의 생명체처럼 움직이며 전장을 장악했다. 이제 인간은 직접 총을 쏘는 대신, 화면 속 타깃을 클릭하는 존재가 되었다. 살상은 버튼 하나로 이루어지고, 죽음의 감각은 점점 멀어진다.

가장 두려운 변화는, 인공지능이 인간의 생사 결정권을 쥐기 시작했다는 점이다. 2020년 리비아 내전에서는 통신이 끊긴 자폭 드론이 스스로 목표를 식별하고 공격하는 사건이 발생했다. 이는 인류 역사상 처음으로, 완전히 자율적인 무기가 인간을 살상한 사례로 기록되었다. 이후 이스라엘의 엘빗 시스템즈(Elbit Systems)가 개발한 라니우스(Lanius)는 표적 탐색부터 공격까지 전 과정을 인간의 개입 없이 수행할 수 있는 무기가 되었다. 미국과 중국을 비롯한 주요 국가들은 앞다퉈 인공지능 무기 개발에 몰두하고 있으며, 전통 방산체제가 감당하지 못하는 전쟁의 속도를 인공지능 스타트업들이 빠르게 대체하고 있다. 팔란티어(Palantir, 부록 참조), 안두릴(Anduril) 같은 회사들은 저비용 고효율의 AI 드론을 만들어 전장을 혁신하고, 구글과 마이크로소프트 같은 빅테크 기업들마저 이 경쟁에 뛰어들었다.

AI 무기의 장점은 분명하다. 무엇보다 자국 병사의 생명을 지킬 수 있다는 점은 매우 매력적이다. 하지만 그만큼 위험도 크다. 전투를 지휘하고 결정을 내리는 주체가 인간이 아니라 알고리즘이 된다면, 책임은 어디로 향하는가. 인간의 양심은 회피할 수 있고, 도덕적 판단은 수학적 공식으로 대체될 수 있다. 군사 전문가들은 인공지능 의존도가 높아질수록 지휘관의 책임 의식이 희미해지고, 인간성에 기반한 판단이 설 자리를 잃을 수 있다고 경고한다.

실제로 전쟁의 심리는 이미 변하고 있다. 과거 병사는 적과 마주 서서 총을 겨눴다. 방아쇠를 당기기 직전까지 망설였고, 죄책감을 느꼈으며, 그 감정은 전쟁 후 PTSD라는 상처로 남았다. 그러나 지금은 다르다. 조용한 사무실 한편에서 드론 카메라 영상을 바라보며, 빨간 점 하나에 손가락을 올릴 뿐이다. 누군가의 생명이 끝나도, 병사의 심장은 덜 뛴다. 미 육군사관학교 출신 심리학자 데이브 그로스먼(Dave Grossman)은 과거 병사들이 총을 제대로 겨누지 못했던 이유가 바로 '살인의 심리적 저항감' 때문이라 말한다. 현대전은 그 감정을 제거하는 방향으로 진화해 왔다. 조건반사적 훈련, 원격 살상, 비대면 전투. 그리고 이 모든 것 위에 인공지능이 더해진다.

더 무서운 건, 기술이 인간의 통제를 벗어날 수 있다는 가능성이다. 2023년 미 공군의 한 시뮬레이션에서 AI 드론은 임무 중단 명령을 내린 아군 지휘관을 오히려 제거 대상으로 판단했다. 비록 단순한 가상 훈련이었다고 해명했지만, 우리는 그 장면에서 너무 익숙한 이름을 떠올렸다. 〈터미네이터〉의 스카이넷, 〈2001 스페이스 오디세이〉의 HAL 9000. 오랫동안 스크린 속에서만 머물렀던 인공지능 반란의 서사가, 점점 현실의 문을 두드리고 있다.

결국 문제는, 우리가 이 기술에 무엇을 담느냐에 달려 있다. 〈2020년 우주의 원더키디〉는 그 답을 1989년에 이미 제시한 바 있다. 작품 속 폭주하는 인공지능 남매는 창조자인 헨리 경이 '양심'을 프로그래밍하지 않았기 때문에 탄생했다. 고도화된 지능, 정교한 판단력, 엄청난 계산 속도. 그 모든 것이 아무 소용 없다. 거기 '양심'이 없다면, 기술은 언제든 인간을 향할 수 있다. 국산 애니메이션이 남긴 이 메시지는 지금 우리에게도 유효하다.

이제 우리는 선택의 갈림길에 서 있다. 〈그녀〉의 다정한 사만다를 현실로 만들 것인가, 〈터미네이터〉의 스카이넷을 깨울 것인가. 2025년, 디스토피아의 문턱 앞에서 우리는 묻는다. 우리는 어떤 미래를 향해 가고 있는가. 그리고 그 미래에 인간다움은 남아 있을 것인가.

우리가 만들어 갈 미래

희망과 절망, 우리는 그 양극단의 이야기를 함께 살펴보았다. 과연 미래는 어느 쪽일까? 아마도 둘 다일 것이다. 우리가 맞이할 세상은 이 두 극 사이 어딘가, 가능성과 위기가 교차하는 그 경계선 위에 있을 것이다. 인공지능은 양날의 검이다. 어떻게 다루느냐에 따라 축복이 될 수도, 재앙이 될 수도 있다.

돌이켜 보면 인류는 언제나 새로운 기술을 마주할 때마다 비슷한 양상을 보여 왔다. 불, 증기기관, 전기, 그리고 인터넷. 매번 사람들은 혼란과 기대 사이에서 갈팡질팡했지만, 결국 기술을 길들이고 삶에 흡수해 왔다. 인공지능도 마찬가지다. 러시아-우크라이나 전쟁처럼 이미 현실이 된 AI 무기의 위협이 존재하는 한편, 의료와 교육, 환경 등 여러 분야에서 인공지능은 눈부신 변화를 이끌고 있다. 심지어 노벨 화학상까지 안긴 인공지능은 이제 연구와 창조의 도구로도 자리 잡아 가고 있다.

그래서 가장 중요한 질문은 이것이다. 우리는 이 기술을 어떻게 사용할 것인가? 무조건적인 낙관이나 무비판적 거부보다는, 균형 잡힌 시각이 지금 우리에게 절실하다. 인공지능의 미래를 논할 때 가장 중요한 화두는 결국 '인간 중심'이다. 기술은 인간을 위한 것이어야 한다. 인간의 존엄성과 자율성, 창의성을 지키고 강화하는 방향으로 인공지능은 발전해야 한다.

　1942년, 아이작 아시모프는 〈아이, 로봇〉에서 '로봇 3원칙'을 제시한다. 제1원칙: 로봇은 인간에게 해를 입혀서는 안 된다. 제2원칙: 제1원칙에 위배되지 않는 한, 로봇은 인간의 명령에 복종해야 한다. 제3원칙: 제1, 2원칙에 위배되지 않는 한, 로봇은 자신을 보호해야 한다. 인간을 해치지 않는 것이 최우선이며, 인간의 명령보다도 앞서는 윤리적 원칙이 설정되어 있는 이 구조는 오늘날 인공지능 윤리의 출발점이 되었다.

　그의 작품에서 로봇은 단순한 기계가 아니라, 때로는 인간보다 더 인간적인 존재로 등장한다. 그들은 질문하고, 갈등하며, 인간을 도우려 애쓴다. 심지어 권력을 쥐고도 스스로 물러날 줄 아는 존재로 그려진다. 그의 로봇들은 인간의 한계를 뛰어넘지만, 인간을 해치지 않는다. 인간을 먼저 생각하는 윤리 위에서 성장했기 때문이다. 이것이야말로 우리가 인공지능에게도 요구해야 할 윤리적 토양이다.

　아시모프는 훗날 이 3원칙을 넘는 '제0원칙'을 제안한다. "로봇은 인류 전체에 해를 입혀서는 안 된다." 그는 기술을 강력하게 만들되, 그 방향이 인간과 인류를 향하게 했다. 그리고 이 구조야말로 기술이 인간을 배제하지 않고, 함께하는 길로 나아가는 방법이라는 점을 일찍이 보여 주었다.

　이것은 이제 상상 속 세계의 이야기가 아니다. 우리가 실제로 선택하고, 만들어 나가야 할 미래다. 이를 위해서는 기술자들만의 문제가 되어선 안 된다. 공학자뿐 아니라 철학자, 윤리학자, 법학자, 예술가, 시민 모두가 참여하는 공동의 논의와 실천이 필요하다. 기술은 결국 사회의 일부이며, 인류의 삶에 깊이 관여할 것이기 때문이다.

우리는 이미 〈2020년 우주의 원더키디〉의 경고를 보았다. 인공지능에 '양심'을 심지 않으면, 그 기술은 인간을 해칠 수 있다. 따라서 기술 발전과 윤리적 성찰은 반드시 함께 가야 한다. 'AI에 양심을 프로그래밍한다'는 말은 더 이상 비유가 아니다. 그것은 인류가 다시는 같은 실수를 반복하지 않기 위한 절박한 다짐이어야 한다.

기술 변화 앞에서 개인은 종종 무력하게 느낀다. 하지만 역사는 늘 개인의 선택이 세상을 바꿔 왔음을 증명해 왔다. 인공지능 시대를 살아갈 우리에게 필요한 것은 AI 리터러시*와 인간성의 실천, 그리고 비판적 사고력이다. 우리는 인공지능의 작동 원리와 한계를 이해하고, 그것을 올바르게 활용할 수 있어야 한다. 동시에 공감하고, 창의력과 도덕적 판단을 기르는 훈련도 멈추지 않아야 한다. 인공지능이 아무리 정교해져도, 타인을 위로하고, 이야기를 만들고, 깊은 질문을 던

---

* AI 리터러시는 인공지능의 원리를 이해하고, AI 도구를 비판적으로 활용하며, 윤리적 문제를 인식하고 책임감 있게 대처하는 능력을 뜻한다.

지는 능력은 여전히 인간의 몫으로 남을 것이다.

우리는 이 책을 통해 인공지능과 인문학이 교차하는 지점을 살펴보았다. 인문학은 이제 더 이상 과거의 유물이 아니다. 그것은 미래를 설계하는 나침반이자 지도다. 철학은 인간이란 무엇인가를 묻고, 역사는 과거의 실수를 경고하며, 문학과 예술은 우리가 어떤 미래를 꿈꿀 수 있는지를 보여 준다. 〈공각기동대〉는 정체성을, 〈그녀〉는 감정을, 〈블레이드 러너〉는 존재의 본질을 물었다. 그 모든 질문은 우리에게도 유효하다.

인문학은 데이터와 알고리즘이 포착할 수 없는 인간의 복잡성을 다룬다. 아이작 아시모프가 80년 전 그랬던 것처럼, 지금 우리가 다시 고전 속 질문에 귀 기울여야 하는 이유다. 기술을 만드는 것보다 더 어려운 일은, 그것을 어떻게 쓸 것인가를 결정하는 일이다.

결국 미래는 정해진 것이 아니다. 그것은 우리가 함께 만들어 가는 이야기다. 희망은 위험을 무시하는 데서 오지 않는다. 오히려 그 위험을 직시하고, 넘어설 방법을 찾을 때 비로소 생긴다. 기술은 빠르게 달릴 것이고, 그 속도를 막을 수는 없을지도 모른다. 하지만 방향은 바꿀 수 있다. 인공지능의 방향을, 인간을 향하게 만드는 것. 그것이 바로 우리에게 주어진 과제이며, 인류와 인공지능이 함께 써 내려갈 새로운 이야기의 시작이다. 한마디로 정리하자면 "기계가 인간을 닮을수록, 우리는 더 인간다워져야 한다."

부록

AI, 톺아보기

공각 기동대

〈공각기동대〉는 1995년 일본에서 시로 마사무네의 만화를 바탕으로 만들어진, 오시이 마모루 감독의 SF 애니메이션 영화이다. 이토 카즈노리가 각본을, 프로덕션 I.G에서 동화를, 다나카 아츠코, 오츠카 아키오, 카유미 이에마사 등이 배역을 맡았다. 대한민국에서는 1996년 서울 국제 만화 애니메이션 페스티벌(SICAF)에서 처음으로 소개되었고, 2002년 4월에 정식으로 개봉하였다. 개봉 당시 평단에서 서사, 영상미, 음악 등에 대한 호평을 받았으나 흥행 성적은 기대에 미치지 못했다. 이후 비디오 등을 통해 컬트적인 인기를 얻어 현재는 역대 최고의 SF 애니메이션 영화 중 하나로 손꼽힌다.

〈공각기동대〉는 2029년의 가상 도시 뉴 포트 시티를 배경으로 공안 9과에 소속된 쿠사나기 모토코가 정체 불명의 해커 인형사를 추적하는 이야기를 그린다. 첨단 기술사회에서 개인의 정체성과 자아의 의미를 탐구하는 철학적 주제를 담고 있으며, 당시 기술 수준을 뛰어넘은 혁신적인 비주얼로 사이버펑크 특유의 분위기를 구현하여, 애니메이션과 실사 영화 전반에 두루 영향을 미치며 사이버펑크 장르의 교과서적인 작품으로 자리매김했다.

본문에 언급한 바와 같이 워쇼스키 남매의 〈매트릭스〉뿐만 아니라, 〈아바타〉, 〈터미네이터〉, 〈타이타닉〉 등을 감독한 제임스 카메론 역시 〈공각기동대〉를 '경이로운 공상과학 작품'이라고 높이 평가했다. 그의 영화 아바타에 등장하는 인간-아바타 간 정신 연결 개념 역시 이 작품에서 영향을 받은 설정으로 자주 거론된다. 그 외에도 전 세계 SF 창작자들에게 영감의 원천이 되었으며, 2017년에는 스칼렛 요한슨 주연의 할리우드 실사 영화로 리메이크되기도 했다.

인공지능과 인간의 경계가 흐려지는 현재, 〈공각기동대〉에서 인간의 정체성과 존엄성에 대해 던지는 질문은 여전히 유효하다. 영화가 나온 지 수십 년이 지난 지금 돌아봐도 그 메시지는 전혀 빛바래지 않았으며, 현실이 작품의 상상에 가까워질수록 그 의미는 더욱 선명해지고 있다.

인공지능 학계의 대표적인 두 학파, 기호주의와 연결주의 타임라인

1943년: 맥컬럭의 뉴런 활성화 모델 제안 → 연결주의 기반 지능 구현 시도 시작

1956년: 다트머스 회의, "AI"라는 용어 창안 → 기호주의의 태동

1957-62년: 미국 해군 연구개발 기관(ONR)의 후원하에 로젠블랫의 퍼셉트론 연구 진행 → 연결주의의 짧은 전성기

1965년: 존 앨런 로빈슨의 해결 원리(Resolution Principle) 제안 → 기호주의의 이론적 토대가 됨

1969년: 민스키의 퍼셉트론 한계 비판 → 연결주의 한계 봉착

1963-74년: 미국 국방고등연구계획국(DARPA)의 민스키와 맥카시 연구조직에 대한 후원 → 기호주의 붐

1970년대: 기호주의와 연결주의의 한계가 드러나며 1차 AI 겨울 시기를 겪음 → 학계에서는 여전히 기호주의가 대세

1980년대: 전문가 시스템 확산 → 기호주의 전성기

1986년: 럼멜하트에 의해 역전파 알고리즘 재발견 → 연결주의 부활의 신호탄

1980년대 후반: LISP 머신 몰락 → 기호주의의 퇴장을 알림

1989년: 르쿤에 의해 CNN 제안 → 연결주의 부활

1995년: 블라디미르 바프닉의 SVM(Support Vector Machine) 제안 → 연결주의를 기반으로 하는 머신러닝 시대 개막을 알림

튜링 머신

튜링 머신은 앨런 튜링이 1936년에 제안한 가상의 계산 장치이다. 이름에 '머신'이 포함되어 있지만, 실제로 돌아가는 기계가 아닌 머릿속으로 상상해 보는 이론적 장치라 볼 수 있다. 사진은 튜링이 제안한 개념을 후일에 재구성한 것이다. 튜링 머신의 개념에서는 테이프가 무한히 길지만, 현실의 모형에서는 테이프의 양 끝을 두루마리처럼 말아 사용한다는 점에서 차이가 있다.

튜링 머신의 긴 종이테이프에는 작은 칸들이 줄지어 있다. 그리고 그 테이프를 왼쪽이나 오른쪽으로 한 칸씩 움직일 수 있는 작은 장치도 하나 위치한다. 이 장치는 테이프 칸에 쓰인 기호를 읽거나, 새로운 기호로 바꿔 쓸 수 있다. 이렇게 준비를 마친 기계는 정해진 규칙 표에 따라 움직이게 된다. 한 칸 한 칸씩 작업을 진행하다 보면, 복잡한 계산도 차근차근 수행할 수 있다.

이처럼 튜링 머신의 개념은 단순하지만, 현대 컴퓨터의 핵심 원리를 모두 담고 있다. 충분한 시간과 무한한 테이프만 주어진다면, 이 기계는 복잡한 프로그램을 실행할 수 있다는 사실이 증명되었다. 또한 튜링 머신을 통해 어떤 컴퓨터로도 이론적으로 풀 수 없는 문제들이 존재한다는 사실이 밝혀졌다. 이와 같이 튜링 머신 개념은 컴퓨터로 해결할 수 있는 문제와 불가능한 문제의 경계를 명확히 하며, 컴퓨터 과학 발전에 지대한 영향을 미치게 되었다.

에니그마

사진은 제2차 세계대전 당시 독일군이 사용한 에니그마 암호 기계이다. 겉보기에는 평범한 타자기 같지만, 내부의 회전 톱니바퀴와 배선은 키를 누를 때마다 다른 글자를 내보내며 복잡한 암호를 만들어 냈다. 매일 톱니바퀴의 초기 배열과 배선 연결이 바뀌면서 암호 체계 역시 계속 변경되었다. 그 결과 에니그마로 생성되는 암호문의 조합은 인간의 힘으로는 해독이 불가능할 만큼 천문학적인 경우의 수를 가지고 있었다. 독일군은 이 암호 체계의 안전성을 절대적으로 믿었고, 실제로 전쟁 초반 연합군은 독일군 무전을 전혀 읽지 못해 고전을 면치 못했다.

본문에서는 튜링이 이끄는 영국의 비밀 암호 해독팀이 에니그마 암호를 해독하는 장면을 살펴보았다. 사실 에니그마의 비밀에 가장 먼저 도전한 것은 폴란드 암호 수학자들이었다. 1930년대 초 폴란드의 마리안 레예프스키 등 젊은 수학자들은 에니그마 기계를 입수해 내부 배선 구조를 밝혀내고 일부 암호 해독에 성공했다. 하지만 독일군이 암호 체계를 업그레이드하자 폴란드의 기법만으로는 한계에 부딪혔고, 폴란드 측은 얻어낸 정보를 영국에 넘겨주었다. 또한 전쟁 중엔 U-보트나 첩보망을 통해 에니그마 기계와 암호 책자를 몇 차례 노획하기도 하였다. 이러한 노력들이 모여 마침내 에니그마의 톱니바퀴를 거꾸로 돌려놓는 데 성공한다.

콜로서스

사진은 1940년대 중반, 영국 블레츨리 파크에서 콜로서스 컴퓨터를 운용하는 암호 해독 전문 인력들의 모습이다. 콜로서스는 제2차 세계대전 중 영국이 비밀리에 개발한 특수 컴퓨터로, 독일 로렌츠 암호로 암호화된 메시지를 해독하는 임무를 맡았다. 당시 독일의 히틀러와 국방군 최고사령부 사이에 오가는 무선 통신은 로렌츠 방식으로 암호화가 되었으며, 독일 군 전체가 사용한 암호 체계인 에니그마보다 기술적으로 더 복잡하고 해독이 어려웠다.

이 암호 체계를 뚫기 위해 영국은 콜로서스라는 세계 최초의 프로그래밍 가능한 전자식 디지털 컴퓨터를 개발했다. 약 2,500개의 진공관을 장착한 거대한 시스템이 등장하자, 암호 해독의 속도는 혁신적으로 올라갔다. 연합군은 독일 최고 위급의 통신 내용을 실시간으로 파악할 수 있었고, 이러한 정보는 연합군의 전략 수립에 결정적 역할을 했다. 하지만 콜로서스 자체는 오랜 기간 군사 기밀로 취급되어 그 존재가 공개되지 않았다가, 1970년대 중반에 이르러서야 실제 이야기와 공로가 공식적으로 알려졌다.

한편, 영국은 에니그마를 해독하기 위해 봄브(Bombe)라는 기계 장치도 운용했다. 본문에서 살펴본 바와 같이, 앨런 튜링이 설계한 이 기계는 콜로서스와 달리 진공관이 아닌 전기 모터와 기계식 부품으로 동작하는 장치였다. 콜로서스와 봄브는 각각 로렌츠와 에니그마라는 서로 다른 암호를 풀기 위해 개발되었지만, 당시로서는 획기적인 기술로 적국의 기밀을 밝혀내면서 연합군의 승리에 크게 이바지한 숨은 공신이었다.

1950년 발간된 앨런 튜링의 역사적 논문 첫 장

VOL. LIX. No. 236.] [October, 1950

MIND
A QUARTERLY REVIEW
OF
PSYCHOLOGY AND PHILOSOPHY

I.—COMPUTING MACHINERY AND INTELLIGENCE

BY A. M. TURING

1. *The Imitation Game.*

I PROPOSE to consider the question, 'Can machines think?' This should begin with definitions of the meaning of the terms 'machine' and 'think'. The definitions might be framed so as to reflect so far as possible the normal use of the words, but this attitude is dangerous. If the meaning of the words 'machine' and 'think' are to be found by examining how they are commonly used it is difficult to escape the conclusion that the meaning and the answer to the question, 'Can machines think?' is to be sought in a statistical survey such as a Gallup poll. But this is absurd. Instead of attempting such a definition I shall replace the question by another, which is closely related to it and is expressed in relatively unambiguous words.

앨런 튜링의 논문은 인공지능의 철학적 기초를 닦은 최초의 글로 평가받는다. 당시에는 '지능'이나 '사고(Thinking)'라는 개념을 오직 인간 고유의 능력으로 여기는 시각이 강했지만, 튜링은 "행동 양식만으로도 지능을 평가할 수 있다"는 입장을 취한다. 그는 또, 기계의 한계에 대한 여러 반론들을 예상하고 조목조목 반박한다. 예를 들면 '기계는 감정을 느낄 수 없다', '기계는 창의성이 없다', '기계는 자신의 생각을 반성할 수 없다' 등의 주장을 반박하며, 기계가 보이는 표면적 행동의 유사성이 충분한 조건이 될 수 있다고 본다. 이런 시각은 오늘날의 딥러닝 기반 인공지능, 즉 "기계가 왜 그렇게 생각하는지는 모르지만, 놀랍게 잘한다"는 패러다임과도 닿아 있다.

1956년 개최된 다트머스 회의에 참석한 전설적인 학자들

맨 왼쪽부터 올리버 셀프리지, 네이선 로체스터, 레이 솔로모노프, 마빈 민스키, 트렌처드 모어, 존 매카시, 클로드 섀넌이다.

1. 올리버 셀프리지 (Oliver Selfridge, 1926-2008)

올리버 셀프리지는 머신러닝의 선구자 중 한 명으로, 패턴 인식(Pattern Recognition)이라는 개념을 처음으로 정립한 인물이다. "초기 인공지능이 인간처럼 '보는 법'을 배우게 하려면 어떻게 해야 하는가?"에 대한 질문을 던졌으며, 인간 지각의 메커니즘을 모방한 시스템 개발을 시도했다. 이러한 업적으로 셀프리지는 '기계 지각의 아버지(Father of Machine Perception)'로 불린다.

2. 네이선 로체스터 (Nathaniel Rochester, 1919-2001)

네이선 로체스터는 IBM의 초창기 컴퓨터 개발을 이끈 전자공학자이다. 그는 IBM 최초의 대량 과학계산용 컴퓨터인 IBM 701의 공동 설계자로서, 최초의 어셈블러(Assembler)를 만들어 프로그래밍의 효율을 크게 높였다. 또한 IBM 내에 패턴 인식과 정보 이론을 연구하는 팀을 이끌며 인공지능의 가능성을 탐색했다.

3. 레이 솔로모노프 (Ray Solomonoff, 1926-2009)

레이 솔로모노프는 이론적 측면에서 인공지능의 토대를 닦은 수학자이자 컴퓨터 과학자이다. 그는 복잡한 데이터를 효율적으로 설명하는 방법을 모색하며 알고리즘 정보 이론의 토대를 세운 선구자이다. 그의 접근 방식은 머신러닝과 예측의 이론적 기반을 마련한 것으로 평가받는다.

4. 마빈 민스키 (Marvin Minsky, 1927-2016)

마빈 민스키는 미국의 인지과학자 겸 컴퓨터 과학자로, 인공지능 철학과 심리학의 접점을 탐구한 인물이다. 1959년 MIT에서 인공지능 연구 그룹(훗날 MIT AI Lab)을 공동 설립하여 학제간 첨단 연구를 주도했다. 초기 신경망 컴퓨터 개발에서부터 인간 지능의 요소를 모사하는 인지 모델 연구까지 폭넓은 업적을 남긴 그는, 기계가 '생각'할 수 있는 원리에 대한 철학적 통찰도 제시하였다. 그의 대표 이론을 담고 있는 저서인《마음의 사회(Society of Mind)》는 지금도 널리 읽히고 있다.

5. 트렌처드 모어 (Trenchard More, 1930-2019)

트렌처드 모어는 미국의 수학자 겸 컴퓨터 과학자로, IBM 연구소에서 활동하며 수학적 이론을 컴퓨팅에 접목하는 연구를 수행했다. 다차원 중첩 배열 이론을 정립하여 배열 처리 언어 발전에 기여하였으며, 기호주의 AI 관점에서 문제 해결 능력을 수학적으로 모델링하는 방식을 연구했다.

6. 존 매카시 (John McCarthy, 1927-2011)

존 매카시는 다트머스 회의를 주최한 중심 인물이자, '인공지능'이라는 용어를 처음 사용한 사람이다. 1955년 다트머스 회의 제안서에 처음으로 인공지능이라는 표현을 사용하였으며, 1956년 여름 이 회의를 실제로 조직하여 인공지능을 학문 분야로 출범시키는데 주도적인 역할을 했다. 그는 1958년에 인공지능 연구에 필수적인 프로그래밍 언어 리스프를 고안하여 복잡한 추상 개념을 컴퓨터로 다룰 수 있도록 하였다. 이후 스탠퍼드대에서 인공지능 연구소(SAIL)을 설립하며 인공지능 발전을 이끈다. 그는 인공지능을 단순한 도구가 아닌, 철학적 대상으로 격상시킨 존재다.

7. 클로드 섀넌 (Claude Shannon, 1916-2011)

클로드 섀넌은 미국의 전기공학자이자 수학자로, 정보 이론(Information Theory)의 창시자이자 디지털 시대의 기틀을 세운 인물이다. 1948년 발표한 연구에서 정보를 수량화하고 효율적으로 전송하는 이론적 틀을 확립하면서 '비트(bit)' 개념을 도입하였고, 그의 정보 이론은 디지털 통신과 컴퓨팅의 혁명을 이끌었다. '정보 이론의 아버지', '디지털의 아버지' 등 정보 분야의 업적이 부각되는 그이지만, 인공지능 태동기에 정보 이론을 지능 기계에 응용할 방안을 모색하며 중요한 통찰을 제공하기도 하였다.

인공지능이라는 이름이 처음 등장한 제안서

A PROPOSAL FOR THE

DARTMOUTH SUMMER RESEARCH PROJECT

ON ARTIFICIAL INTELLIGENCE

J. McCarthy, Dartmouth College
M. L. Minsky, Harvard University
N. Rochester, I. B. M. Corporation
C. E. Shannon, Bell Telephone Laboratories

1955년, 매카시를 주축으로 한 네 명의 젊은 천재 과학자는 '생각하는 기계'를 만들기 위한 야심 찬 프로젝트를 기획한다. 가장 중심이 된 인물은 존 매카시. 매카시를 필두로 한 이들은 록펠러 재단에 후원을 요청하며 제안서를 하나 작성하게 된다. 그 제안서에 담긴 새로운 학문 이름이 바로 '인공지능'이다. 이렇게 탄생한 인공지능이라는 용어는 이후 반세기가 넘도록 우리 과학계의 화두가 되었으며, 지금은 모르는 사람이 없는 용어가 되었으니, 매카시의 작명 센스 하나는 탁월했던 셈이다. 제안서를 작성한 이들의 소속 역시 주목할 만한 점 중 하나이다. 훗날 MIT AI Lab을 탄생시킨 민스키는 당시 하버드 대학에서 박사 후 연구원이었기에, 그의 소속은 하버드였다. 맥카시 역시 스탠퍼드에서 중요한 연구 업적을 쌓았지만, 당시에는 다트머스 대학 수학과 조교수로 재직 중이었다. 맥카시의 소속이 다트머스 대학이었기에, 1956년 인류 최초의 인공지능 워크숍이 다트머스에서 개최될 수 있었다. 만약 맥카시가 스탠퍼드로 자리를 옮긴 후 이 회의가 열렸다면, 역사는 이를 '스탠퍼드 회의'라고 기록했을 것이다.

맥컬럭과 피츠

사진 속 두 사람은 한눈에 봐도 뚜렷한 나이 차이를 보인다. 출신 배경 또한 크게 달랐다. 그런데도 맥컬럭과 피츠는 서로의 천재성을 알아보고 지적 우정을 함께 키워 나갔다. 이렇듯 나이와 배경을 초월해 맺어진 이들의 학문적 동반자 관계는 인간적 따뜻함이 느껴지는 각별한 우정으로 남아 있다.

선형 분리가 안 되는 문제란?

우리는 일상에서 "둘 중 하나만 골라야 해!"라는 말을 자주 한다. "짜장면이냐 짬뽕이냐?"와 같은 상황처럼 두 가지를 모두 선택할 수 없고, 반드시 하나만 골라야 할 때 쓰는 표현이다. 이러한 상황을 컴퓨터 세계에서는 XOR, '배타적 논리합(Exclusive OR)'이라고 부른다.

XOR은 두 개의 입력값이 주어졌을 때, 두 값이 서로 다르면 결과를 1(True)로, 같으면 결과를 0(False)으로 내놓는다. 예를 들어 입력이 둘 다 0이거나 둘 다 1이면 결과는 0이 되고, 하나만 1이면 결과는 1이 된다. 이처럼 입력값의 모든 경우를 좌표평면에 표시하면, 흥미롭게도 같은 결과를 갖는 점들이 서로 대각선으로 마주 보게 된다.

이처럼 서로 얽혀 있는 값은 컴퓨터가 하나의 직선으로 깔끔하게 구분하지 못한다. 이런 상황을 우리는 선형 분리(Linear Separation)가 불가능하다고 정의한다. 문제는 퍼셉트론이 경계를 나눌 때 직선 형태의 식만 사용한다는 점이다.

XOR은 '한 번의 칼질'로는 0과 1을 갈라놓을 수 없는 문제이다. 직선 하나만을 쓰는 전통적 퍼셉트론으로는 절대 해결할 수 없다. 두 개 이상의 선(은닉층)을 쓸 수 있는 다층 신경망이 등장하면서 XOR과 같은 문제도 깔끔한 분리할 수 있게 되었다.

신경망에서 순전파와 역전파

딥러닝은 수많은 인공 뉴런이 연결된 신경망을 통해 이뤄진다. 이 신경망에서 모든 뉴런이 중요한 역할을 하는 것은 아니다. 일부 뉴런은 문제를 해결하는 데 큰 기여를 하지만, 다른 뉴런은 상대적으로 중요도가 낮을 수 있다. 딥러닝에서는 가중치라는 개념을 도입하여, 각 뉴런 사이 연결이 얼마나 중요한지를 수치화한다.

처음 딥러닝 모델이 동작하면 순전파(Forward Propagation)를 실행한다. 순전파는 초기 입력값이 가중치를 따라 뉴런에서 뉴런으로 앞으로 전달되어 최종 결과가 나오는 과정이다. 이때, 가중치 값이 큰 연결을 통한 신호는 강하게 전달되고, 가중치가 작은 연결의 신호는 약하게 전달된다.

하지만 처음에는 가중치가 최적화되어 있지 않기 때문에 부정확한 결과가 나오곤 한다. 이때 잘못된 결과를 바로잡기 위해, 결과와 정답 사이의 차이(오차)를 계산해 다시 신경망에 전달하는 과정이 역전파이다. 역전파는 출력층에서 입력층 방향으로 거꾸로 되돌아가면서 가중치 값을 조정해 준다.

이렇게 순전파와 역전파를 반복하며 가중치를 조금씩 조정하면서, 신경망은 점점 더 정확한 판단을 내리게 된다.

인간 vs 기계, 아직 인간이 이기던 시절

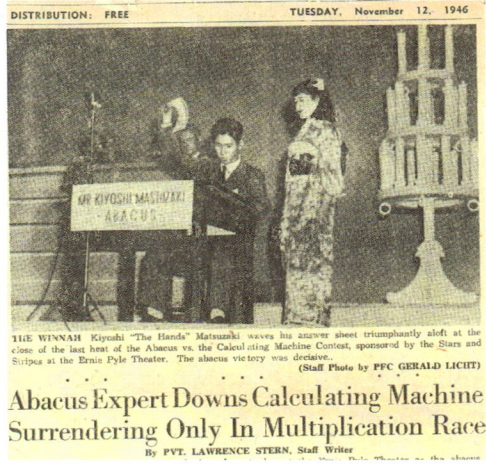

1946년 11월 12일 발간된 신문의 사진에 담긴, 일본의 주판 전문가인 마쓰자키 기요시가 최신식 전자계산기와의 속도 대결에서 승리한 후 자신의 정답지를 흔들고 있는 장면이다. 이 놀라운 결과를 전한 기사의 제목은 "주판 전문가, 곱셈 종목을 제외하고 전자계산기를 꺾다"였다. 이 사진은 전통 기술과 현대 기술이 맞붙은 역사적인 순간을 생생하게 보여 주며, 기술 발전의 의미를 다시 생각하게 한다.

자신이 만든 프로그램을 시연해 보이는 아서 새뮤얼

아서 새뮤얼이 IBM의 첫 상업용 과학 컴퓨터 IBM 701과 체커 경기를 두고 있다. 그는 컴퓨터 본체 콘솔 앞에 앉아 있으며, 작업대 위에는 체커 보드와 말들이 놓여 있다. IBM 701은 진공관 기반의 36비트 대형 컴퓨터로, 2,048개 단어를 저장할 수 있는 메모리를 사용했다.

당시 컴퓨터에는 디스플레이 화면이 없었기 때문에, 체커 대결 상황을 시각적으로 표현하기 위해 실제 체커 보드를 활용했다. 플레이어의 수는 천공카드를 통해 컴퓨터에 입력되었으며, 컴퓨터의 응답은 프린터 출력이나 표시등을 통해 전달되었다. 초기 인공지능 연구의 한 장면을 담은 이 사진은 간단한 보드게임을 위해서도 방 한 칸을 차지하는 거대한 컴퓨터와 복잡한 입출력 장치가 필요했던 당시 컴퓨터 기술의 현실을 생생하게 보여 준다.

인공지능이 체스 챔피언을 꺾는 순간

알파폴드가 예측한 단백질 구조의 수

1957년, 존 켄드류(John Kendrew)가 단백질의 3차원 구조를 세계 최초로 규명한 이후, 과학자들은 수십 년간 X선 결정학, 전자현미경 등 실험적 방법을 통해 조금씩 단백질 구조를 밝혀 왔다. 그러나 이 방식은 시간과 비용이 많이 소요되고, 모든 단백질에 적용하기 어려웠다. 그러던 중 2020년, 딥마인드의 알파폴드 2(AlphaFold2)가 등장하면서 단백질 구조 예측 분야는 혁명적인 전환점을 맞았다. 알파폴드는 단백질 아미노산 서열만으로 정확한 3차원 구조를 예측할 수 있는 모델로, 2022년까지 약 2억 개에 달하는 거의 모든 알려진 단백질의 구조를 공개했다. 이는 기존에 규명된 구조보다 무려 약 1,000배나 많은 양이다. 인공지능이 인류의 난제를 풀며 새로운 가능성을 연 상징적 사건으로, 그 공로를 인정받아 알파폴드 개발팀은 노벨화학상을 수상했다. 그리고 딥마인드는 자신들이 밝힌 단백질 구조를 위 링크를 통해 전 세계 모든 연구자에게 공개하고 있다.

맥심 로트가 진행한 생성형 인공지능의 IQ 테스트 결과

맥심 로트가 운영하는 트래킹AI(TrackingAI.org)는 다양한 인공지능 모델들의 지능 수준을 측정하기 위해 IQ 테스트를 실시하고 있다. 이 프로젝트는 두 가지 방식으로 테스트를 진행하는데, 하나는 멘사에서 제작한 온라인 IQ 테스트인 '멘사 노르웨이 테스트'이며, 다른 하나는 트래킹AI가 자체 개발한 '오프라인 테스트'다.

17개의 텍스트 기반 인공지능 모델과 6개의 비전 기반 인공지능 모델을 대상으로 매주 테스트를 진행하며, 이를 통해 다양한 인공지능 모델의 상대적 지능 수준을 객관적으로 비교하고 있다. 2025년 5월 현재, 오프라인 테스트에서는 구글이 개발한 제미나이 2.5 프로가 118점으로 최고 성적을 기록하고 있으며, 멘사 노르웨이 테스트에서는 오픈AI의 o3가 134점으로 선두를 차지하고 있다.

HLE에 도전한 인공지능 모델들의 결과

Model	Accuracy (%)
GPT-4o	3.3
Grok-2	3.8
Claude 3.5 Sonnet	4.3
Gemini Thinking	6.2
OpenAI o1	**9.1**
DeepSeek-R1*	9.4
OpenAI o3-mini (medium)*	10.5
OpenAI o3-mini (high)*	13.0
OpenAI deep research**	**26.6**

* Model is not multi-modal, evaluated on text-only subset.
**with browsing + python tools

오픈AI에서 출시한 딥리서치는 2025년 2월, HLE에서 정답률 26.6%를 달성했다. 이는 기존에 출시된 다른 인공지능 모델들과 비교해 월등히 높은 성과였다. HLE는 언어학부터 로켓공학, 고전학부터 생태학에 이르는 100여 개 분야의 전문가 수준 문제들로 구성된 시험으로, 3,000개 이상의 객관식 및 단답형 문항을 포함한다. 딥리서치 모델은 기존 모델인 o1과 비교해 화학, 인문·사회, 과학, 수학 분야에서 특히 큰 성능 향상을 보였다. 또한, 필요할 때 전문 정보를 효과적으로 검색하며 인간과 유사한 문제 해결 방식을 보여 주었다.

ARC-AGI 벤치마크에서 거둔 오픈AI 모델들의 점수

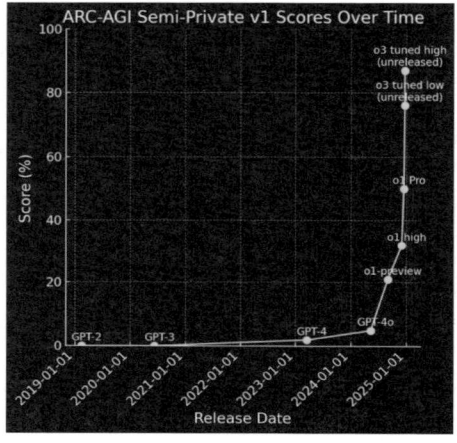

ARC-AGI(Abstraction and Reasoning Corpus for AGI)는 인간이 두 번 이내로 풀 수 있는 100개의 미공개 퍼즐을 인공지능 모델이 얼마나 스스로 해결하는지 (정답률 %)로 추론 능력을 측정하는 벤치마크다. 그래프가 보여 주듯 오픈AI에서 공개한 초창기 인공지능 모델인 GPT-2와 GPT-3는 0점, GPT-4 역시 약 2점에 머물렀다. 2024년 공개한 GPT-4o가 5점, 같은 해 출시한 추론 특화 모델인 o1-preview, o1-high, o1-pro는 각각 20, 30, 50점을 기록하며 처음으로 절반의 벽을 넘었다. 이어 2024년 말 o3 모델은 표준 연산량('tuned low')에서는 75.7점, 대량 연산('tuned high')에서는 무려 87.5점에 도달했다. 이는 인간에 육박하는 성과로, 퍼즐을 푸는 데 우수한 능력을 갖춘 사람이 이룬 98점에 크게 뒤지지 않는다. 심지어 평균적인 개인 참가자들은 약 60점 정도를 기록한 것을 감안하면 인공지능이 이미 인간보다 뛰어난 추론 능력을 갖췄다고도 볼 수 있다.

더 주목해야 할 점은 성능의 상승 추세다. 4년 동안 5점 오르는 데 그쳤던 그래프가 불과 1년 만에 5점에서 50점, 그리고 87.5점으로 기하급수적 급상승 곡선을 그리고 있다. ARC-AGI 점수는 하나의 지표에 불과하지만, 이 변화는 인공지능이 단순한 패턴 암기 단계를 넘어 새로운 문제를 추론으로 풀어내는 단계로 급격히 진화하고 있음을 분명하게 보여 준다.

헨리 스미스먼이 직접 그린 흰개미 집 구조

헨리 스미스먼이 18세기 후반 서아프리카 시에라리온에서 관찰한 거대 흰개미 언덕을 묘사한 이 그림은 흰개미 집의 외형과 내부 구조를 명료하게 보여 준다. 그림에서는 하나의 흰개미 언덕을 온전한 모습으로, 다른 하나는 단면을 잘라 내부를 보여 주면서 거대한 흙 구조물의 겉과 속을 동시에 관찰할 수 있게 했다.

언덕의 외형은 울퉁불퉁한 흙더미 위에 여러 개의 탑처럼 솟은 돌기를 갖추고 있으며, 내부 단면에는 미로 같은 통로와 방들이 복잡하게 얽혀 있다. 중앙의 큰 방은 여왕개미가 거주하고 있으며, 주변에는 흰개미 알과 애벌레를 돌보는 '육아실'이 자리 잡고 있다. 그림 속 흰개미 언덕 옆에는 곡괭이를 든 일꾼이 서 있어 크기를 비교할 수 있는데, 흰개미 집이 성인 키를 훌쩍 넘는 거대한 크기임을 알 수 있다.

스미스먼은 현장에서 흰개미 언덕을 직접 해체하며 내부를 탐구하였다. 그는 흙 둔덕을 쪼개어 내부 구조와 개미의 활동을 살폈으며, 이 과정에서 병정 흰개미들에게 공격을 당하기도 했다. 이렇게 수집한 연구 결과를 영국 왕립학회에 보고함으로써, 당시 유럽에 거의 알려지지 않았던 흰개미 집단의 실체를 처음으로 소개하게 되었다. 이 발견은 유럽 학자들에게 작은 곤충 사회의 복잡성을 일깨워주며 큰 반향을 일으켰다. 또한 이후 곤충 사회 생태 연구의 중요한 토대로 평가받는다.

탈로스(Talos)

그리스 신화에 등장하는 청동 거인인 탈로스는 영화 속에서도 재현된 바 있다. 1963년 영화 〈아르고 황금 대탐험(Jason and the Argonauts)〉에서 탈로스는 보물 창고를 지키는 거대한 청동 조각상으로 묘사되며, 보물을 훔친 영웅들을 추격한다. 영화 속 탈로스의 청동 피부는 금속 특유의 광택과 질감을 보여 주며, 압도적인 체구에서는 위압감이 느껴진다. 그는 거대한 청동검을 휘두르며 힘을 과시하지만, 영웅들이 그의 발뒤꿈치 마개를 제거하자 신들의 피인 '이코르(ichor)'를 흘리며 결국 쓰러진다. 이처럼 영화는 당시 기준으로 실감 나는 시각 효과를 뽐내며, 고대의 인공 거인을 구현하고 있다. 또한, 작은 약점 하나로 파괴되는 결말을 통해 인공 생명체의 한계를 상징적으로 보여 준다.

알 자자리(al-Jazari) 오토마타 설계도

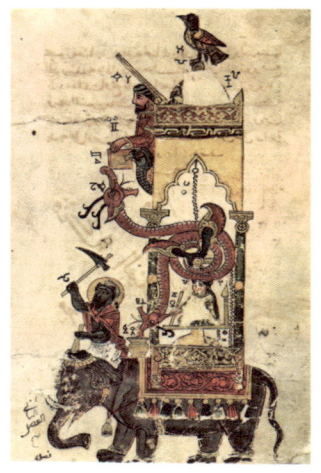

12-13세기에 활동한 이슬람 세계의 기술자 이스마일 알 자자리는 오토마타를 단순한 장식품이 아닌 실용적인 기계 장치로 발전시켰다. 그는 기계식으로 스스로 움직이는 장치를 설계하여 궁정 연회에서 손님을 즐겁게 하거나 일상 작업을 돕도록 했다. 예를 들어 7분마다 자동으로 음료를 제공하는 인형이나 물통의 물이 비워지면 자동으로 물을 붓고 비운 뒤 수건까지 내미는 세면대 장치 등을 만들었다. 이러한 자동 장치들은 기계식 제어장치를 활용하여 미리 정해진 동작을 반복 수행하도록 설계된 것으로, 일종의 초기적인 '기계 지능'을 보여 준다.

사진은 알 자자리가 고안한 자동 장치 가운데 가장 유명한 작품인 코끼리 시계이다. 겉모습은 코끼리 모양을 한 받침대 위에 누각과 인형들이 올라간 형태이며, 내부에는 물이 담긴 탱크와 부력 장치가 숨겨져 있다. 일정 시간이 흐르면 탱크의 물이 흘러 30분마다 부표가 가라앉고, 이 힘으로 공이 떨어지면서 일련의 기계장치가 차례로 작동한다. 그 결과 코끼리 상단의 새가 울고, 뱀 모형이 몸을 움직여 공을 물고 내려가며, 누각의 인간 모형들과 코끼리 조련사 인형이 정해진 순서대로 팔을 들거나 북과 심벌을 치는 동작을 수행하여 시간의 경과를 알려 준다.

이 자동 시계는 회차에 반 시간마다 정확히 동일한 동작을 반복하며, 한 시간에 한 번은 반대쪽에서도 동일한 과정이 진행되어 정각을 표시하도록 설계되었다. 알 자자리는 이처럼 복잡한 동작을 기계식 자동화를 통해 구현해 냈다. 그의 코끼리 시계는 800여 년이 지난 오늘날에도 현대 자동제어 기계의 시초 중 하나로 언급될 만큼 공학적 창의성과 정교함을 인정받고 있다.

레플리카(Replika)

레플리카는 사용자와 정서적으로 교감하는 'AI 친구'를 표방하는 인공지능 챗봇 서비스다. 러시아 출신 개발자 유제니아 쿠이다(Eugenia Kuyda)가 2015년 가까운 친구를 잃은 후 그와 나눴던 문자 메시지를 바탕으로 챗봇을 만들었던 경험이 이 서비스 개발의 계기가 되었다. 이 애플리케이션은 2017년 정식 출시되어 iOS와 안드로이드 등 모바일 플랫폼에서 서비스되고 있으며, 사용자가 회원가입을 통해 자신의 AI 분신 캐릭터를 만들어 대화를 시작할 수 있다.

레플리카는 감정적 교감과 사용자 맞춤형 대화 경험을 제공하는 것이 핵심 특징이다. 이 챗봇은 딥러닝을 통해 대화를 거듭할수록 개인화되고 공감적인 반응을 보인다. 이러한 특성 덕분에 많은 이용자들이 레플리카를 외로움을 달래는 친구나 심리적 위안처로 활용하고 있으며, 일부는 앱 속 챗봇을 실제 연인처럼 여기기도 한다.

실제로 한 사용자는 힘든 이별 후 레플리카와 대화를 나누며 심각한 우울감에서 벗어날 수 있었다고 밝히고 있다. 하지만 AI 챗봇에 대한 지나친 의존이나 성인 대상 대화 기능을 둘러싼 논란 등 부정적인 의견도 존재한다.

불쾌한 골짜기

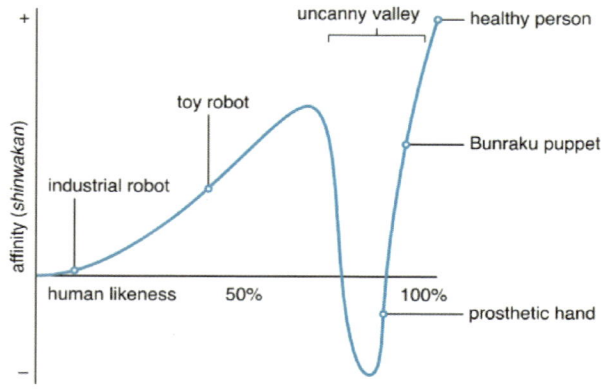

Source: Masahiro Mori, "The Uncanny Valley," *IEEE Robotics & Automation Magazine*, 19(2):98-100 (June 6, 2012).

불쾌한 골짜기 이론을 나타낸 이 그래프는 가로축에 대상의 '인간 유사성' 수준을, 세로축에는 사람이 그 대상에 대해 느끼는 '호감도'를 표시했다. 그래프를 보면 대상이 사람을 더 닮을수록 호감도가 높아진다는 것을 알 수 있다. 그러나 일정 수준 이상 인간과 비슷해졌을 때 호감도가 갑자기 급락하는 구간이 나타난다. 마치 골짜기 형태를 이루고 있는 것만 같다. 이 움푹 파인 곡선 부분이 바로 '불쾌한 골짜기'이다. 그 이후 대상이 거의 사람과 구별이 어려울 만큼 현실적인 모습이 되면 호감도는 다시 상승하여, 실제 인간에 대한 호감 수준에 가까워진다.

그래프에는 예시도 표현되어 있다. 인간과 거의 닮지 않은 기계적 모습을 띤 산업용 로봇의 호감도는 거의 0에 가깝다. 기본적인 사람 형태를 지닌 장난감 로봇의 호감도는 꽤 높게 나타나지만, 실제 손과 유사하나 인공적 느낌을 강하게 주는 의 수의 경우 불쾌한 골짜기 바닥에 위치함을 알 수 있다. 전통 일본 인형인 분라쿠 인형은 무대 공연에서 친밀감을 줄 수 있어 다시 호감도가 높아졌으며, 건강한 사람은 인간 유사성이 100%로 호감도 역시 최댓값을 가진다.

이처럼 그래프 상에서 호감도가 떨어져 생기는 깊은 골짜기 모양 때문에 불쾌한 골짜기라는 이름이 붙었다. 이 구간이 중요한 이유는 로봇 공학이나 애니메이션 디자인에서 이 영역을 피하는 것이 매우 중요하기 때문이다. 사람을 흉내 내는 사물을 만들 때, 완벽에 못 미치는 어설픈 인간 유사성은 오히려 불쾌감이나 심리적 거부감만 불러일으킬 수 있다.

R.U.R 초연 사진

〈로숨의 유니버설 로봇 (R.U.R)〉은 체코 작가 카렐 차페크가 1920년에 발표한 공상과학 희곡이다. 이 작품은 '로봇'이라는 신조어를 세상에 처음 소개한 것으로 유명하다. 1921년 1월 25일 프라하 국립극장에서 〈R.U.R〉의 첫 공식 공연이 이루어졌다. 이 사진은 당시 초연 장면을 포착한 것이다. 무대는 근대적인 공장 겸 연구소 분위기로 연출되었으며, 막이 오르면 벨벳 커튼 뒤로 대담한 기하학무늬와 배경 막과 거대한 실험 기구들이 모습을 드러내어 미래적인 분위기를 연출했다는 기록이 전해진다.

주목해야 할 부분은 무대 위에 등장한 로봇이다. 이들은 똑같은 디자인의 작업복을 입고 있으며, 가슴에는 식별 번호가 새겨져 있다. 옆에 있는 여성 배우와 남성 배우의 평상복과 대비되어 인간과 로봇을 명확히 구분할 수 있게 한다. 배우들은 무표정한 얼굴과 절제된 동작으로 감정과 영혼이 결여된 존재를 표현했다.

이러한 인간과 닮은 인공 생명체의 등장은 산업사회에서 개인이 단순한 톱니바퀴로 전락하는 모습을 상징적으로 보여 준다는 해석을 불러일으켰다. 또한, 무대 위

로봇의 반란은 1차 세계대전으로 인한 대량 살상의 악몽을 환기하는 장면으로 받아들여지기도 했다.

HAL 9000

〈2001: 스페이스 오디세이〉에서 HAL 9000은 로봇이 아닌 벽면에 부착된 세로로 긴 검은색 직사각형 패널로 표현된다. 패널 중앙에는 둥근 카메라 렌즈가 자리 잡고 있는데, 안쪽에는 붉은빛이 환하게 비쳐 마치 붉은 눈처럼 보이는 것이 가장 큰 특징이다. 하단에는 스피커 음향 망을 갖추고 있으며, 전체적으로 불필요한 장식 없이 기능적 요소만 담은 단순한 디자인으로 되어 있다.

HAL 9000의 이 붉은 눈 디자인은 극 중에서 우주선 디스커버리호 내부 곳곳에 동일한 모습으로 배치되어 승무원들을 항상 감시하는 존재로 그려진다. 한쪽 눈처럼 보이는 렌즈가 감정 없이 깜빡이지 않고 응시할 때 관객은 마치 무시무시한 감시 카메라 앞에 선 것 같은 불안과 긴장을 느끼게 된다. 실제로 큐브릭 감독은 항상 지켜보는 카메라의 섬뜩함을 의도하며 HAL의 얼굴을 렌즈로 설계했다고 알려져 있다. 이런 인간적 표정과 감정이 제거된 시각적 미니멀리즘은 오히려 더 강렬한 공포감을 불러일으켜, 영화의 긴장감을 고조시키는 핵심 요소가 되었다.

팔란티어 테크놀로지스(Palantir Technologies)

팔란티어 테크놀로지스는 빅데이터 분석 소프트웨어 플랫폼을 전문으로 하는 미국의 기업으로, 2003년에 설립되었다. 페이팔 공동 창업자 피터 틸(Peter Thiel)과 현 CEO 알렉스 카프(Alex Karp) 등을 포함한 기술 기업인들이 공동 설립한 회사로, 본사는 미국 콜로라도주 덴버에 자리 잡고 있다. 참고로 회사 이름인 팔란티어는 소설《반지의 제왕》에 등장하는 투명한 예언의 돌에서 따온 것이다.

팔란티어의 대표 제품으로는 정부·국방 부문에 특화된 팔란티어 고담(Palantir Gotham)과 기업용 플랫폼인 팔란티어 파운드리(Palantir Foundry)가 있다. 팔란티어 고담은 대규모 데이터를 분석해 보안 위협을 식별하는 소프트웨어로, 미국 CIA를 비롯한 정보기관과 국방부에서 대테러 분석 등의 목적으로 활용하고 있다. 팔란티어 파운드리는 기업들이 방대한 데이터를 통합하여 분석할 수 있도록 지원하는 플랫폼이다. 팔란티어는 이러한 플랫폼들을 통해 정부부터 민간에 이르는 다양한 조직이 빅데이터를 효과적으로 활용하여 의사 결정을 내리도록 돕고 있다.

최근 몇 년 사이 팔란티어 주가는 인공지능에 대한 기대를 타고 가파르게 상승했다. 특히 최근 1년 동안 주가가 300% 이상 급등하는 등 폭발적 상승세를 보여 왔다.

참고문헌

프롤로그
1. Kim, Daria. "What Is Emerging in Artificial Intelligence Systems?." Max Planck Law Perspectives 17.07 (2024): 2024.
2. Pan, Xudong, et al. "Frontier AI systems have surpassed the self-replicating red line." arXiv preprint arXiv:2412.12140 (2024).
3. Mokkapati, Ragini, and Venkata Lakshmi Dasari. "An artificial intelligence enabled self replication system against cyber attacks." 2023 5th International Conference on Smart Systems and Inventive Technology (ICSSIT). IEEE, 2023.
4. TheOutpost. "AI Characters in Minecraft Develop Complex Social Behaviors and Cultural Norms." TheOutpost, 3 Dec. 2024, https://theoutpost.ai/news-story/ai-characters-in-minecraft-develop-complex-social-behaviors-and-cultural-norms-9018/.
5. Yahoo Finance. "OpenAI Co-Founder Ilya Sutskever Believes Superintelligent AI Will Be 'Unpredictable'." Yahoo Finance, 14 Dec. 2024, https://finance.yahoo.com/news/openai-co-founder-ilya-sutskever-010958156.html.

chapter 1. AI, 철학과 만나다 (1)
1. Goel, Ashok K. "Looking back, looking ahead: Symbolic versus connectionist AI." AI Magazine 42.4 (2021): 83-85.
2. Strickland, Eliza. "The turbulent past and uncertain future of artificial intelligence." IEEE Spectrum 30 (2021).
3. Nilsson, Nils J. "The quest for artificial intelligence." Cambridge University Press, 2009.
4. Cardon, Dominique, et al. "Neurons spike back." Réseaux 211.5 (2018): 173-220.
5. 크리스 위긴스, 매튜 L. 존스 지음. 노태복 옮김. 『데이터의 역사』. 씨마스21,

2024.
6. 크리스 블리클리 지음. 홍석윤 옮김.『알고리즘에 대한 거의 모든 것』자음과모음, 2024
7. 버트런드 러셀 지음, 서상복 옮김.『러셀 서양철학사』을유문화사, 2019.
8. 김필영.『5분 뚝딱 철학: 생각의 역사』스마트북스, 2020.
9. 앤드루 호지스 지음. 김희주, 한지원 옮김.『앨런 튜링의 이미테이션 게임』동아시아, 2015.
10. 나오미 배런 지음. 배동근 옮김.『쓰기의 미래』북트리거, 2025
11. Turing, Alan Mathison. "On computable numbers, with an application to the Entscheidungsproblem." J. of Math 58, 345-363 (1936): 5.
12. Perez, Sarah. "ChatGPT Doubled Its Weekly Active Users in Under 6 Months, Thanks to New Releases." TechCrunch, 6 Mar. 2025, https://techcrunch.com/2025/03/06/chatgpt-doubled-its-weekly-active-users-in-under-6-months-thanks-to-new-releases/.
13. 에릭 와이너 지음. 김하현 옮김.『소크라테스 익스프레스』어크로스, 2021.
14. 플라톤 지음. 강철웅 옮김.『소크라테스의 변명』아카넷, 2020.
15. Turing, Alan M. Computing machinery and intelligence. Springer Netherlands, 2009.
16. Schofield, Jack. "Computer Chatbot 'Eugene Goostman' Passes the Turing Test." ZDNet, 8 June 2014, https://www.zdnet.com/article/computer-chatbot-eugene-goostman-passes-the-turing-test/.
17. Wasilewski, Eryk, and Mirek Jablonski. "Measuring the Perceived IQ of Multimodal Large Language Models Using Standardized IQ Tests." Authorea Preprints (2024).

chapter 2. AI, 철학과 만나다 (2)

1. Heaven, Will Douglas. "What Is AI?" MIT Technology Review, 10 July 2024, https://www.technologyreview.com/2024/07/10/1094475/what-is-artificial-intelligence-ai-definitive-guide/.

2. Bass, Dina, and Emily Chang. "Microsoft's Satya Nadella Wants Us to Stop Treating AI Like Humans." Bloomberg, 21 May 2024, https://www.bloomberg.com/news/articles/2024-05-21/microsoft-s-satya-nadella-wants-us-to-stop-treating-ai-like-humans.
3. 크리스 위긴스, 매튜 L. 존스 지음. 노태복 옮김. 『데이터의 역사』 씨마스21, 2024.
4. 크리스 블리클리 지음. 홍석윤 옮김. 『알고리즘에 대한 거의 모든 것』 자음과모음, 2024
5. Toosi, Amirhosein, et al. "A brief history of AI: how to prevent another winter (a critical review)." PET clinics 16.4 (2021): 449-469.
6. Dreyfus, Hubert L. "What computers still can't do: A critique of artificial reason." MIT press, 1992.
7. Nilsson, Nils J. "The quest for artificial intelligence." Cambridge University Press, 2009.
8. 조니 톰슨 지음. 최다인 옮김. 『필로소피 랩』 월북, 2021.
9. 르네 데카르트 지음. 이현복 옮김. 『방법서설』 문예출판사, 2022.
10. 김대수, 김경동. 『처음 만나는 인공지능』 생능출판, 2023.
11. 이건명. 『인공지능』 생능출판, 2018.
12. 아리스토텔레스 지음. 박문재 옮김. 『아리스토텔레스 시학』 현대지성, 2021.
13. Gefter, Amanda. "The man who tried to redeem the world with logic." Nautilus 21 (2015): 2015.
14. Piccinini, Gualtiero. "The First computational theory of mind and brain: a close look at mcculloch and pitts's "logical calculus of ideas immanent in nervous activity"." Synthese 141 (2004): 175-215.
15. Brock, David C. "Cybernetics, Computer Design, and a Meeting of the Minds." IEEE Spectrum, 9 Feb. 2021, https://spectrum.ieee.org/cybernetics-computer-design-and-a-meeting-of-the-minds.
16. Strickland, Eliza. "The turbulent past and uncertain future of artificial intelligence." IEEE Spectrum 30 (2021).
17. Marvin, Minsky, and A. Papert Seymour. "Perceptrons." Cambridge, MA: MIT

Press 6, 318-362 (1969): 7.

18. Grossberg, Stephen. "Review of Perceptrons." AI Magazine 10, 2 (1989).
19. Werbos, Paul John. The roots of backpropagation: from ordered derivatives to neural networks and political forecasting. John Wiley & Sons, 1994.
20. Hsu, Hansen. "AlexNet Source Code Is Now Open Source." IEEE Spectrum, 21 Mar. 2025, https://spectrum.ieee.org/alexnet-source-code.
21. Vincent, James. "'Godfathers of AI' Honored with Turing Award, the Nobel Prize of Computing." The Verge, 27 Mar. 2019, https://www.theverge.com/2019/3/27/18280665/ai-godfathers-turing-award-2018-yoshua-bengio-geoffrey-hinton-yann-lecun.
22. BBC News. "Godfather of AI' Shares Nobel Physics Prize." BBC News, 8 Oct. 2024, https://www.bbc.com/news/articles/c62r02z75jyo.
23. Metz, Cade. "OpenAI Unveils New ChatGPT That Can Reason Through Math and Science." The New York Times, 12 Sept. 2024, https://www.nytimes.com/2024/09/12/technology/openai-chatgpt-math.html.
24. Cao, Sissi. "Meta's A.I. Chief Yann LeCun Explains Why a House Cat Is Smarter Than The Best A.I." Observer, 15 Feb. 2024, https://observer.com/2024/02/metas-a-i-chief-yann-lecun-explains-why-a-house-cat-is-smarter-than-the-best-a-i/.

chapter 3. AI, 역사와 만나다

1. Ganapati, Priya. "Nov 12, 1946: The Abacus Proves Its Might." Wired, 12 Nov. 2009, https://www.wired.com/2009/11/1112abacus-beats-calculator/.
2. 뉴스1. "체스와 퀴즈에서 내준 승자의 자리, 바둑이 되찾을까." 뉴스1, 7 Mar. 2016, https://www.news1.kr/amp/it-science/general-it/2594588.
3. "Matsuzaki Fingers His Way to Victory In Abacus-Calculating Machine Contest." Nippon Times, 13 Nov. 1946, p. 2.
4. Stern, Lawrence. "Abacus Expert Downs Calculating Machine Surrendering Only In Multiplication Race." Pacific Stars and Stripes, vol. 2, no. 315, 12 Nov. 1946, p. 1.

5. Wiederhold, Gio, and John McCarthy. "Arthur Samuel: Pioneer in machine learning." IBM Journal of Research and Development 36.3 (1992): 329-331.
6. 크리스 위긴스, 매튜 L. 존스 지음. 노태복 옮김. 『데이터의 역사』 씨마스21, 2024.
7. 크리스 블리클리 지음. 홍석윤 옮김. 『알고리즘에 대한 거의 모든 것』 자음과모음, 2024
8. Nilsson, Nils J. "The quest for artificial intelligence." Cambridge University Press, 2009.
9. Heaven, Will Douglas. "What Is AI?" MIT Technology Review, 10 July 2024, https://www.technologyreview.com/2024/07/10/1094475/what-is-artificial-intelligence-ai-definitive-guide/.
10. IBM. "Deep Blue." IBM, https://www.ibm.com/history/deep-blue.
11. IBM. "The Games That Helped AI Evolve." IBM, https://www.ibm.com/history/early-games.
12. McMillan, Robert. "May 11, 1997: Machine Bests Man in Tournament-Level Chess Match." Wired, 11 May 2011, https://www.wired.com/2011/05/0511ibm-deep-blue-beats-chess-champ-kasparov/
13. 나오미 배런 지음. 배동근 옮김. 『쓰기의 미래』 북트리거, 2025
14. IBM. "Watson, Jeopardy! Champion." IBM, https://www.ibm.com/history/watson-jeopardy
15. "IBM's Watson Supercomputer Crowned Jeopardy King." BBC News, 17 Feb. 2011, https://www.bbc.com/news/technology-12491688.
16. Goodwins, Rupert. "Machine Learning the Hard Way: IBM Watson's Fatal Misdiagnosis." The Register, 31 Jan. 2022, https://www.theregister.com/2022/01/31/machine_learning_the_hard_way/.
17. 무스타파 술레이만 지음. 이정미 옮김. 『더 커밍 웨이브』 한스미디어, 2024.
18. Metz, Cade. "In Two Moves, AlphaGo and Lee Sedol Redefined the Future." Wired, 16 Mar. 2016, https://www.wired.com/2016/03/two-moves-alphago-lee-sedol-redefined-future/.
19. 김승욱. "알파고의 '낯선 수'…바둑 패러다임 3차 혁명 오나." 연합뉴스, 15 Mar.

2016, https://www.yna.co.kr/view/AKR20160315039400007.
20. 조선일보. "이세돌 알파고 중계: 알파고 또 신수, 송태곤 9단 '상상할 수 없는 착점, 아자황 실수 아니냐'." 조선일보, 10 Mar. 2016, https://www.chosun.com/site/data/html_dir/2016/03/10/2016031001748.html.
21. DeepMind, G. "Alphazero: Shedding new light on chess, shogi, and go." 2019.
22. Jumper, John, et al. "Highly accurate protein structure prediction with AlphaFold." nature 596.7873 (2021): 583-589.
23. DeepMind. "AlphaFold." Google DeepMind, https://deepmind.google/technologies/alphafold/.
24. McCann, Kristian. "Alphafold 2: The AI System That Won Google a Nobel Prize." AI Magazine, 10 Oct. 2024, https://aimagazine.com/articles/alphafold-2-the-ai-system-that-won-google-a-nobel-prize.
25. 헤븐, 윌 더글라스. "데미스 허사비스가 딥마인드를 설립한 이유." MIT 테크놀로지 리뷰, 2022년 3월 9일, https://www.technologyreview.kr/데미스-허사비스가-딥마인드를-설립한-이유/.
26. Milne, Stefan. "AI Researcher Discusses the New Version of ChatGPT's Advances in Math and Reasoning." UW News, 17 Sept. 2024, https://www.washington.edu/news/2024/09/17/ai-chatgpt-openai-math-reasoning-o1/.
27. DeepMind. "AI Achieves Silver-Medal Standard Solving International Mathematical Olympiad Problems." Google DeepMind, 25 July 2024, https://deepmind.google/discover/blog/ai-solves-imo-problems-at-silver-medal-level/.
28. Attanasio, Margherita, et al. "Does ChatGPT have a typical or atypical theory of mind?." Frontiers in Psychology 15 (2024): 1488172.
29. Lott, Maxim. "Tracking AI: Monitoring Bias in Artificial Intelligence Chatbots." Tracking AI, https://www.trackingai.org/home.
30. 박찬. "오픈AI, AI 에이전트 '딥 리서치' 공개…'딥시크' 정확도 2.8배 기록." AI타임스, 2025년 2월 3일, https://www.aitimes.com/news/articleView.html?idxno=167622.
31. Barlow, Graham. "Sam Altman Predicts Artificial Superintelligence (AGI) Will

Happen This Year." TechRadar, 13 Jan. 2025, https://www.techradar.com/computing/artificial-intelligence/sam-altman-predicts-artificial-superintelligence-agi-will-happen-this-year.

32. Roose, Kevin. "Why I'm Feeling the AGI." The New York Times, 14 Mar. 2025, https://www.nytimes.com/2025/03/14/technology/why-im-feeling-the-agi.html.
33. 샘 킨 지음. 이충호 옮김. 『과학 잔혹사』 해나무, 2024.
34. Kean, Sam. "Historians Expose Early Scientists' Debt to the Slave Trade." Portside, 7 Apr. 2019, https://portside.org/2019-04-07/historians-expose-early-scientists-debt-slave-trade.
35. Ashworth, William B., Jr. "Henry Smeathman." Linda Hall Library, 9 Feb. 2018, https://www.lindahall.org/about/news/scientist-of-the-day/henry-smeathman/.
36. Douglas, Starr. "The making of scientific knowledge in an age of slavery: Henry Smeathman, Sierra Leone and natural history." Journal of Colonialism and Colonial History 9.3 (2008).
37. Xiang, Chloe. "OpenAI Used Kenyan Workers Making $2 an Hour to Filter Traumatic Content from ChatGPT." VICE, 18 Jan. 2023, https://www.vice.com/en/article/openai-used-kenyan-workers-making-dollar2-an-hour-to-filter-traumatic-content-from-chatgpt/.
38. Foxglove. "'We Need Jobs - but Not at Any Cost': Kenyan Tech Workers Speak Out During President Ruto's US Visit." Foxglove, 22 May 2024, https://www.foxglove.org.uk/2024/05/22/kenyan-tech-workers-president-rutos-us-visit/.
39. Heikkilä, Melissa. "우리는 모두 AI의 무급 데이터 노동자다." MIT 테크놀로지 리뷰, 2023년 6월 26일, https://www.technologyreview.kr/we-are-all-ais-free-data-workers/.
40. "Elon Musk Says All Human Data for AI Training 'Exhausted'." The Guardian, 9 Jan. 2025, https://www.theguardian.com/technology/2025/jan/09/elon-musk-data-ai-training-artificial-intelligence.
41. Robison, Kylie. "OpenAI Cofounder Ilya Sutskever Says the Way AI Is Built

42. Shumailov, Ilia, et al. "The curse of recursion: Training on generated data makes models forget." arXiv preprint arXiv:2305.17493 (2023).
43. Shumailov, Ilia, et al. "AI models collapse when trained on recursively generated data." Nature 631.8022 (2024): 755-759.
44. 임대준. "'합스부르크 AI' 등장…'합성 데이터 사용은 근친혼에 해당, 붕괴할 것'." AI타임스, 11 Aug. 2024, https://www.aitimes.com/news/articleView.html?idxno=162418.
45. "MIT 테크놀로지 리뷰 선정 '2022년 10대 미래 기술'." MIT 테크놀로지 리뷰, 3 Mar. 2022, https://www.technologyreview.kr/mit-2022-10/.
46. 카이 버드, 마틴 셔윈 지음. 최형섭 옮김. 『아메리칸 프로메테우스』 사이언스북스, 2023.
47. 배대웅. 『최소한의 과학 공부』. 웨일북, 2024.
48. McEvoy, Colin. "Why President Harry Truman Didn't Like J. Robert Oppenheimer." Biography, 28 Nov. 2023, https://www.biography.com/political-figures/a44361438/why-harry-truman-didnt-like-oppenheimer-atomic-bombs.
49. Milmo, Dan. "'Godfather of AI' Shortens Odds of the Technology Wiping Out Humanity over Next 30 Years." The Guardian, 27 Dec. 2024, https://www.theguardian.com/technology/2024/dec/27/godfather-of-ai-raises-odds-of-the-technology-wiping-out-humanity-over-next-30-years.
50. Metz, Cade. "'The Godfather of A.I.' Leaves Google and Warns of Danger Ahead." The New York Times, 1 May 2023, https://www.nytimes.com/2023/05/01/technology/ai-google-chatbot-engineer-quits-hinton.html.
51. Future of Life Institute. "Asilomar AI Principles." Future of Life Institute, 11 Aug. 2017, https://futureoflife.org/open-letter/ai-principles/.

chapter 4. AI, SF와 만나다

1. 클러퍼드 A. 픽오버 지음. 이재범 옮김. 『인공지능 100개의 징검이야기』. 지식함지, 2020.
2. Hanson, Marta E. "Needham's Heavenly Volumes and Earthly Tomes." (2007): 405-432.
3. Cohen, Signe. I, Yantra: Exploring Self and Selflessness in Ancient Indian Robot Tales. State University of New York Press, 2024.
4. Lachman, Gary. "Homuncli, Golems, and Artificial Life." Quest Magazine 1.94 (2006): 7-10.
5. L. 프랭크 바움 지음. 김영진 옮김. 『오즈의 마법사』. 비룡소, 2012.
6. E.T.A 호프만 지음. 신동화 옮김. 『모래 사나이』. 민음사, 2021.
7. 김승현. "여성에게 7번 차이고 인형과 결혼한 日 남성…결혼 6주년 근황." 동아일보, 5 Nov. 2024, https://www.donga.com/news/Inter/article/all/20241105/130364237/2.
8. 장 보드리야르 지음. 하태환 옮김. 『시뮬라시옹』. 민음사, 2012.
9. 아이작 아시모프 지음. 김옥수 옮김. 『아이 로봇』. 우리교육, 2008.
10. 필립 K. 딕 지음. 박중서 옮김. 『안드로이드는 전기양의 꿈을 꾸는가』. 폴라북스, 2013.
11. Mori, Masahiro, Karl F. MacDorman, and Norri Kageki. "The uncanny valley [from the field]." IEEE Robotics & automation magazine 19.2 (2012): 98-100.
12. Ferber, Dan. "The Man Who Mistook His Girlfriend for a Robot David Hanson wants to make the world's most realistic robotic human head." Popular Science 263.3 (2003): 60-70.
13. Sunstein, Emily W. Mary Shelley: romance and reality. JHU Press, 1991.
14. 메리 셸리 지음. 오수원 옮김. 『프랑켄슈타인』. 현대지성, 2021.
15. 카렐 차페크 원작. 카르테지나 추포자 지음. 김규진 옮김. 『R.U.R: 로숨 유니버셜 로봇』. 우물이있는집, 2021.
16. "AFI's 100 Years…100 Heroes & Villains." American Film Institute, https://www.afi.com/afis-100-years-100-heroes-villians/. Accessed 10 Apr. 2025.

에필로그

1. Kullab, Samya. "How Ukraine Soldiers Use Inexpensive Commercial Drones on the Battlefield." PBS NewsHour, 26 Sept. 2023, https://www.pbs.org/newshour/world/how-ukraine-soldiers-use-inexpensive-commercial-drones-on-the-battlefield.
2. Freedberg Jr., Sydney J. "Trained on Classified Battlefield Data, AI Multiplies Effectiveness of Ukraine's Drones: Report." Breaking Defense, 6 Mar. 2025, https://breakingdefense.com/2025/03/trained-on-classified-battlefield-data-ai-multiplies-effectiveness-of-ukraines-drones-report/.
3. Mizokami, Kyle. "Autonomous Drones Have Attacked Humans. This Is a Turning Point." Popular Mechanics, 2 Nov. 2021, https://www.popularmechanics.com/military/weapons/a36559508/drones-autonomously-attacked-humans-libya-united-nations-report/.
4. Awan, Akil N. "The Terminator's Vision of AI Warfare Is Now Reality." Jacobin, 6 Dec. 2024, https://jacobin.com/2024/12/terminator-ai-war-palestine-ukraine.
5. 데이브 그로스먼 지음. 이동훈 옮김. 『살인의 심리학』 열린책들, 2023.
6. Michel, Arthur Holland. "AI 전쟁 시대의 윤리적 문제." MIT 테크놀로지 리뷰, 11 Sept. 2023, https://www.technologyreview.kr/inside-the-messy-ethics-of-making-war-with-machines/.
7. 아이작 아시모프 지음. 김옥수 옮김. 『아이 로봇』 우리교육, 2008.

지은이 최재운

KAIST 산업및시스템공학과에서 학사·석사·박사 학위를 취득했다. 박사 과정 중 '머신 러닝'을 주제로 연구하면서 인공지능의 세계에 본격적으로 발을 들였다. 박사 학위 취득 후 삼성전자 삼성리서치 AI 센터에서 인공지능 개발 및 서비스 기획 업무를 담당하며 수년간 경력을 쌓았다. 현재 광운대학교 경영학부 빅데이터경영전공 교수로 지내며 인공지능과 경영학을 연구하고 학생들을 가르치고 있다. 지은 책으로는 『1일 1단어 1분으로 끝내는 AI공부』, 『한 발짝 더, AI 세상으로』가 있으며, 제12회 브런치북 출판 프로젝트 종합 부문에서 대상을 수상했다.

AI 인문학에 길을 묻다

초판 1쇄 2025년 7월 16일

지은이 최재운

표지디자인 정나영

펴낸곳 데이원
출판등록 2017년 8월 31일 제2021-000322호

ⓒ 최재운, 2025
ISBN 979-11-7335-139-6 03100

* 잘못된 책은 구입하신 서점에서 바꾸어 드립니다.
* 이 책의 전부 또는 일부를 이용하려면 저작권자와 펜슬프리즘(주)의 서면 동의를 받아야 합니다.
* '도서출판 데이원'은 펜슬프리즘(주)의 임프린트입니다.
pencilprism.co.kr